Die schönsten Portraits faszinierender

PFERDERASSEN

PFERDE

Gabriele Boiselle

raits faszinierender

RASSEN

ANDALUSIER
ARABER
BASUTO PONY
CRIOLLO
FRIESEN
HAFLINGER
ISLÄNDER
KALTBLUT
MARWARI
MAREMMANO
WESTERN HORSES

FRIESEN

Die prächtigen schwarzen Perlen aus Friesland
Barocke Pferde denen kein Herz widerstehen kann

WESTERN HORSES

Vom Mustang bis zum Quarterhorse
Harte Arbeitspferde mit Cowsense und voller Ausdauer

HAFLINGER

Die charmanten Blondschöpfe aus den Alpen
Vom Arbeitspferd zum vielseitigen Freizeitpferd

ARABISCHES VOLLBLUT

Pferde von atemberaubender Schönheit und Grazie
Veredler aller Rassen – Liebling der Menschen

BASUTO PONY

Pferde aus den Königreich Lesotho
Mitten im Herzen Südafrika

ANDALUSIER

Majestätische Pferde voller Eleganz
Geschaffen für die Lektionen der Hohen Schule

CRIOLLO

Zuhause in der Weite der argentinischen Pampa
Zuverlässige und robuste Arbeitskameraden der Gauchos

MARWARI

Stolze Streitrösser der indischen Rajas
Eine der ältesten Pferdezuchten der Welt

ISLÄNDER

Die kleinen Pferde mit dem großen Herzen
Vikingerpferde von der Vulkaninsel am Polarkreis

MAREMMANO

Robuste Pferde aus den toskanischen Sümpfen
Hütepferde der italienischen Butteri

KALTBLUT

Mächtige Rösser mit einem wundervollen Charakter
Renaissance der liebenswerten Riesen

GABRIELE BOISELLE

Kein Leben ohne Pferde!

Kein Lebewesen hat die Geschichte der Menschen so nachhaltig beeinflußt wie das Pferd. Zu keinem anderen Tier hat der Mensch eine so enge und partnerschaftliche Beziehung entwickelt. Auf dem Rücken der Pferde wurden Kontinente entdeckt und Weltreiche erobert, wurden der Warenverkehr und die Kultur des Reisens mobilisiert. So hat das Pferd das Schicksal ganzer Völker bestimmt, hat über Sieg oder Niederlage entschieden, über Reichtum und Armut, über Leben und Tod. Die Domestikation des Pferdes veränderte das Leben der Menschen von Grund auf. Nicht weniger einschneidend war, an der Schwelle zum 20. Jahrhundert, der Wandel, der sich im Zuge der Industrialisierung vollzog. Innerhalb weniger Jahrzehnte wurde das Pferd arbeitslos, in der Landwirtschaft ebenso wie beim Militär oder für die Beförderung von Personen und Waren. Fast schon schien die ganze Spezies vom Aussterben bedroht, dann jedoch setzte eine Rückbesinnung ein: Das Pferd wurde als der ideale Partner für Sport und Freizeit neu entdeckt. Vom Aussterben bedrohte Rassen wurden mit neuem züchterischen Eifer am Leben erhalten. Veranstaltungen rund ums Pferd, Turniere und Urlaubsreisen hoch zu Ross erlebten einen gewaltigen Aufschwung. Die Zahl der Reiterhöfe vervielfachte sich innerhalb weniger Jahre. Auf eine neue, aber nicht weniger intensive Art und Weise ist so die Partnerschaft zwischen Mensch und Pferd mit neu belebt worden. Stand einst, ganz konkret, die Arbeitskraft des Pferdes im Vordergrund, so sind es heute zunehmend ideelle Werte. Denn der Umgang mit Pferden bildet einen wohltuenden Ausgleich zum Alltag in einer gehetzten, hochtechnisierten, immer auf Erfolg und Effizienz ausgerichteten Umwelt. Die Begegnung mit dem Pferd als Kreatur schafft einen Zugang zu einer Welt, die den meisten Menschen in der Sachlichkeit und Abstraktheit ihres Lebens sehr fremd geworden ist.

Dies gilt in ganz besonderer Weise für die Pferde, die heute noch – oder wieder – in Freiheit leben können. Außerhalb von Reitstall und Koppel entfalten sie ihr ureigenes wildes Wesen, ihre wirkliche Schönheit, ihre Grazie, die Vollkommenheit ihres Körpers. In Freiheit macht das Pferd all jene Mythen wieder erfahrbar, die in ihm zu allen Zeiten ein Wesen besonderer Art erkannt haben, das in göttlicher Würde aus den Fluten des Meeres geboren wurde. Das Universum der Pferde ist,

wo immer man es betritt, voller fantastischer Geheimnisse, die es zu entdecken gilt. Meine Reisen auf den Spuren der Pferde sind daher immer voller Abenteuer. Ich habe in der argentinischen Pampa gespürt, wie der Boden bebt, wenn eine Herde mit fünfhundert Pferden hautnah vorbeidonnert. In den Rocky Mountains kroch der kalte Wind in meine Knochen, als ich das harte Leben der wirklichen Cowboys und ihrer Arbeitspferde teilte. In den Südtiroler Alpen entdeckte ich bei eisiger Kälte auf 2000 m Höhe meine Liebe zu den Haflingern. In Indien konnte ich das Geheimnis der Marwari-Ohren lüften und in Lesotho auf dem Rücken eines Basuto-Ponys den Zauber Afrikas erleben. Hoch droben am Polarkreis habe ich, mitten im schlimmsten Widerstreit elementarer Naturgewalten, mein Herz an Island und die isländischen Pferde verloren.

Entdeckt habe ich auf all diesen Reisen etwas ganz Wichtiges: Dass die Welt der Pferde Pferdemenschen auf der ganzen Welt verbindet, ohne dass unterschiedliche Kulturen oder Sprachen daran etwas ändern können. Diese Tiere strahlen eine universelle Energie aus, die jedermann auf der Welt verstehen kann, wenn er will. Mein Buch ist eine Einladung, mir auf meinen Entdeckungs-Reisen rund um die Welt zu folgen; es soll Lust machen, das Phänomen Pferd immer wieder neu zu entdecken. Die einzelnen Kapitel beschränken sich nicht auf rein faktische Beschreibungen und nüchterne Bilder, sondern erzählen, in Wort und Bild, von vielen ganz persönlichen Erlebnissen und Begegnungen. Dass diese in Indien, Afrika oder Südamerika stattfanden, ist letztlich nicht erheblich. Denn auch auf der nächsten Pferdekoppel kann man all das erspüren, was die Bilder und Texte zu vermitteln versuchen: die Erfahrung jener wundervollen Kraft, die von den Pferden ausgeht; die Erfahrung des Reichtums an echter, vertrauensvoller Zuneigung, die sie uns schenken; die Erfahrung einer Beziehung, die so unverbrüchlich und stark ist, dass sie viele tausend Jahre überstanden hat und uns auch weiterhin begleiten wird.

FRIESEN

Schwarze Perlen aus Friesland

Der starken Ausstrahlung dieser tiefschwarzen Pferde mit ihren wallenden Mähnen und ihren dynamischen Bewegungen kann man nur schwer widerstehen. Fast antik in ihrer Erscheinung erobern sie die Herzen der Menschen im Sturm.

Der Zuchthengst Jilles 301 mit seinem herrlichen Hals, der üppigen Mähne und dem wachen Auge ist das Paradebeispiel eines Friesen.

Dichter Nebel, vermischt mit Regenböen, zieht in Schwaden vom Deich heran und hüllt die Pferde ein. Zwei prachtvolle schwarze Hengste tänzeln ungeduldig im Geschirr und werfen ihre Köpfe in die Luft. Die langen Mähnen werden vom Wind gepeitscht. Neben ihnen bewegt sich eine weitere Nebelgestalt, ein Mann, der gerade energisch die letzte Silberschnalle an den Schaftstiefeln schließt. Dann drückt er den Zylinder tiefer in die Stirn, zieht das Leder seiner Handschuhe straff, ergreift die Zügel und setzt sich auf die hochrädrige Sjees. Der stürmische Wind zerrt an seinem schweren Manteltuch und stülpt die Pelerine machtvoll nach hinten. Kaum spüren die Friesen das Gewicht ihres Herrn auf der Kutsche, sind sie schon nicht mehr zu halten und stürmen davon, dem Meer entgegen. Als ihre Hufe über die Bohlen der Holzbrücke donnern, schrecken zwei Schwäne auf, die kreischend mit ihren mächtigen Schwingen losschlagen. Fast wird das schwarze Gespann mit seinem finster drein blickenden Fahrer vom grauen Mantel des Nebels verschluckt. Doch ehe der letzte Laut der Hufe verhallt ist, reißt die Wolkendecke auf und lässt ein paar magische Sonnenstrahlen hervorleuchten. Für einen Moment wird das wild dahin rasende Gespann auf dem Deich wie von einem Scheinwerferkegel beleuchtet. Dann ist es verschwunden, der Himmel zieht sich wieder zu, und die Welt scheint im wild daher brausenden Sturm unterzugehen.

Was klingt wie die Einleitung zu einem Roman, ist einer jener magischen Momente, wie sie mir bei meiner Fotoarbeit immer wieder geschenkt werden. Es sind Momente, die einen tief im Innersten berühren und so intensiv lebendig sind, dass man erschauern möchte. Und immer wieder sind es Pferde, die mir diese Augenblicke schenken und die mich mit Menschen zusammen bringen, die ganz ähnlich empfinden. An den Deich nach Friesland haben mich zwei herrliche Friesenhengste gelockt. Sie sind Halbbrüder, *Pandur* und *Rikle*, und gehören Jelke Wirstra, dem Fahrer des Gespanns. Er hatte in stundenlanger Arbeit die Kutsche, die Pferde und sich selbst für unseren Fototermin hergerichtet, und just, als er fertig war, brach der Sturm los. Er war so zornig darüber, dass er trotzdem losfuhr, mitten in den Sturm hinein. Klatschnaß, aber entspannt und fröhlich kam er eine halbe Stunde später wieder zurück. Nach viel heißem Kaffee und einigen Schnäpsen hatten wir uns wieder aufgewärmt, der Sturm war inzwischen weitergezogen und wir fingen an zu fotografieren, nachdem wir zuvor die Pferde tüchtig trocken gerieben hatten.

Es ist ein ganz besonderes Land, das Land hinter den Deichen, dessen Marschen und Felder tiefer als der Meeresspiegel liegen. Seine Menschen, die Tag für Tag mit der Gefahr der unbändigen Nordsee leben, sind wortkarg und hart. Die weite Ebene ist gleichmäßig durchzogen von Kanälen, die die Weideflächen begrenzen. Hier grasen die berühmten schwarz-weiß gefleckten friesischen Kühe. Im Winter verwandeln sich die Kanäle zu glitzernden Eispisten, auf denen sich Tausende von Schlittschuhläufern tummeln. Die altehrwürdigen weißen Windmühlen an den Kanälen tun schon seit Jahrhunderten ihren Dienst und drehen sich leise knarrend im steten Wind, der vom Meer her bläst. Sind die Kanäle offen, werden sie bevölkert von Gänsen, Enten und Schwänen, den besonderen Wappenvögeln des Landes. Friesland ist anders als der Rest der Niederlande. Es hat seine eigene uralte Sprache, die niemand versteht, der nicht in dieser Gegend zu Hause ist. Es hat seine ureigenen Traditionen, eine ländlich-bäuerliche Kultur, die sich in der Architektur der Bauernhöfe mit ihren Schwanengiebeln genauso ausdrückt wie in der Konstruktion der uralten Friesensjees. Jene kleinen, ein- oder zweipännig gefahrenen Kutschen haben hohe fragile Räder.

Weiß gestrichen und mit ausdrucksvollen Verzierungen ausgestattet, sehen sie heute noch so aus wie im 17. Jahrhundert, der Epoche des Rokoko. Die Menschen in Friesland führen ein Leben nach ganz eigenen, überlieferten Regeln. Zuweilen wird ihnen deshalb Eigenbrödlerei oder Sturheit nachgesagt. Dabei sollte man jedoch nicht vergessen, dass genau jenes Abschirmen gegenüber dem Rest der Welt und genau jenes Festhalten am Althergebrachten letztlich das Klima geschaffen haben, in dem das Friesenpferd – bis heute – überleben konnte.

Schon die Römer kannten ein friesisches Bauernpferd, das sehr robust und zäh war – und überaus hässlich, wie der Geschichtsschreiber Tacitus 98 n. Chr. berichtet. Während der spanischen Besetzung von 1568 bis 1648 kreuzte man edle spanische Hengste ein und erhielt so ein Pferd, das die besten Eigenschaften beider Rassen in sich vereinte. Es galt lange Zeit als das beste schwere Kriegspferd Europas und war wegen seiner prachtvollen Erscheinung und seiner Gelehrigkeit begehrt bei Fürsten und Königen. Sie eigneten sich hervorragend zu Repräsentationszwecken, wenn sie zu sechst oder zu acht vor die fürstlichen Kutschen gespannt wurden. In der Folge entwickelte sich der Friese zu einem Allroundpferd mit vielen Talenten, das zum Fahren und Reiten ebenso einzusetzen war wie für die Feldarbeit und zu Kriegsdiensten. Die Nachfrage war entsprechend groß. In allen wichtigen Pferdezuchten Europas wurden Friesen eingesetzt. Auch die Oldenburger Zucht sowie einige Linien im Staatsgestüt Marbach sind auf Friesenhengste zurückzuführen. Da die Friesländer nicht nur Bauern, sondern auch Fischer und Seefahrer waren, gelangten die schwarzen Pferde auf dem Seeweg auch in weiter entfernt liegende Länder, nach Russland zum Beispiel oder Skandinavien. Im Stammbuch des norwegischen Dolepferds tauchen Friesen ebenso auf wie bei den englischen Shirehorses, früher »The Old English Black« genannt. Ende des 19. Jahrhunderts schienen die Friesenpferde ernsthaft vom Aussterben bedroht. Das 1879 gegründete »Friesch Paardenstamboek« konnte noch 16 reinrassige Hengste und 28 Stuten registrieren, 1913 gab es gerade noch drei reinblütige Hengste. Nur durch das Engagement einiger friesischer Bauern konnte ein kleiner reingezüchteter Bestand gesichert werden. Mühsam wurde so, über Jahrzehnte hinweg, die Zucht aufrecht erhalten. Im Zirkus konnte man einige dieser herrlichen Pferde in glitzernden Schauveranstaltungen sehen. Dann aber, in den späten sechziger Jahren, wurden die »schwarzen Perlen« als ideale Freizeitpferde und für den Fahrsport entdeckt. Seitdem ist ihr weltweiter Siegeszug ungebrochen. Heute gehört der schwarze Friese mit seinem mächtigen Hals, der herrlichen Mähne und dem ausdrucksstarken Trab, bei dem die »Federn« an den Beinen fliegen, zu den bekanntesten Rassen der Welt. Auf allen Kontinenten finden Friesenfestivals statt, und keine Show, keine Pferdemesse und ganz besonders kein Zirkus kommt ohne eine Präsentation der Friesenpferde aus.

Wenn man im Januar zur alljährlichen Hengstkörung nach Leeuwarden kommt, sieht man Besucher und Züchter aus aller Welt, die diesem herrlichen Pferd »standing ovations« bringen. Es herrscht eine ganz außergewöhnliche Stimmung bei dieser Veranstaltung: Bauern mit grauem Schnauzbart stehen in ihrer schwarzen Friesentracht und mit den groben Holzklompen an den Füßen neben Amerikanern, die ihre Cowboystiefel und Stetsonhüte tragen. Alle schauen wie gebannt auf den Ring und verfolgen die Bewegungen eines mit wehender Mähne scheinbar schwerelos dahinfliegenden Hengstes, der den Boden kaum zu berühren scheint. Die Halle tobt, den Menschen laufen Tränen über die Wangen und allen steht die tiefen Liebe zu diesen einzigartigen Geschöpfen ins Gesicht geschrieben.

Heute noch tragen die Friesländer an Sonn- und Feiertagen ihre historischen Trachten. Ebenso werden die Pferde in der Originalanspannung mit weißen Leinen und weißem Zaumzeug gefahren.

Die Bauernhöfe in Friesland sind mit Reet gedeckt, die Schilfgräser dazu wachsen in den flachen Gewässern des Marschlandes. Die Fensterrahmen sind weiß, die Holztüren rot – und die Pferde schwarz, so will es die Tradition. Diese reicht ein paar Jahrhunderte zurück. Die Friesen sind aus einer gelungenen Anpaarung von feurigen andalusischen Hengsten und bodenständigen friesischen Stuten hervorgegangen. Diese neue Rasse hatte in der Folge großen Einfluss auf die weitere Entwicklung der Pferdezucht in Europa. Die rahmigen athletischen Friesenpferde wurden zu den gefragtesten Kavalleriepferden ihrer Zeit.

»Fryslan« nennen die Friesen ihre Heimat, jenes Land, das sie unerschrocken immer wieder gegen das wütende Meer verteidigen mußten. Verheerende Sturmfluten haben Mensch und Tier schwer zugesetzt, Tausende verloren im »Land des ewigen Nebels« ihr Leben. Doch jene Dickköpfigkeit, die heute noch in den Menschen verankert ist, hat sie zum Bleiben befähigt. Immer wieder haben sie den Kampf um ihren Acker- und Weideboden aufgenommen, dessen Salzgehalt auch zur Gesundheit der Rinder und Pferde beiträgt. Unbeirrbar wie die Windmühlen, die schon seit Jahrhunderten an ihren angestammten Plätzen stehen, widersetzen sich auch die Menschen in Friesland den Unbilden der Natur. Denn sie sind, trotz allem, stolz auf ihre Heimat, auf ihr Land, auch auf ihre Pferde, deren Rasse sie mit Beharrlichkeit über die Jahrhunderte hinweg erhalten haben.

Ein kleines Friesenfohlen ist vom ersten Atemzug an ein großes Pferd, neugierig und voll Vertrauen blickt es den Menschen an.

Der Friesenhengst Marc ist ein Ausnahmepferd in jeder Beziehung. Mit seinem Reiter Michael Dannefelser beherrscht er die Lektionen der Hohen Schule und geht erhaben und perfekt vor der Kutsche. Nach getaner Arbeit genießt er die Freiheit, einmal alleine durch die Sommerwiese zu galoppieren.

Jährlingshengste wachsen in den ersten Jahren in einem kleinen Verband von Gleichaltrigen auf. Wenn sich dann morgens die Scheunentore öffnen, wird um die Wette gelaufen, wer zuerst auf der Weide ist.

Auf dem Gut Amtmannscherf der Familie Reisgieß züchtet man seit langem hervorragende Hengste. Mit Isky hat das Gestüt einen Hengst mit einer ganz besonderen Ausstrahlung, der in sich all das vereint, was einen echten Friesen ausmacht.

Schwäne und Friesenpferde: Während die einen die Giebel der Bauernhäuser schmücken und ein beliebtes Thema für Sagen und Märchen bilden, tummeln sich die anderen auf der Weide. Das Fell eines Friesenfohlens ist zunächst noch braun und etwas länger als bei Warmblutpferden. Mit der Mähne ist es noch nicht so weit her, doch der erhabene Tritt lässt schon erahnen, dass hier ein kleiner Friese heranwächst.

Freiheit auf Zeit: Noch kann sich die Gruppe der zweijährigen Friesenhengste spielerisch auf der Koppel austoben. Doch schon bald ist es mit ihrer Freiheit vorbei. Die Hengstanwärter müssen dann einen harten Eignungstest machen, der im Friesenzentrum von Drachten stattfindet und in der Hand von erfahrenen Reitern liegt. Die Friesen werden unter dem Sattel und vor der Kutsche vorgestellt und bewertet. Nur wer eine gewisse Grundpunktzahl erreicht, kann überhaupt in die Auswahl der zu körenden Hengste aufgenommen werden.

Auf der westfriesischen Insel Terschelling schauen zwei Fohlen über den Deich aufs Meer hinaus. Dort genießt der Hengst Pandur in der letzten Abendsonne einen Spaziergang am Nordseestrand.

Friesen sind gutmütig, intelligent und haben eine rasche Auffassungsgabe. Innerhalb kurzer Zeit entwickeln sie eine persönliche Beziehung und ein intensives Vertrauensverhältnis zu »ihrem« Menschen. Mit seiner Bezugsperson geht der Friese durch dick und dünn, sei es im Gelände, wo er sich als trittsicheres und nervenstarkes Pferd erweist, in der modernen Dressur oder auch vor der Kutsche, die der Friese ebenso sicher durch die »rush hour« wie über die Marathonstrecke zieht.

Der Hengst Itz, im Besitz von Günter Fröhlich, hat einen sehr markanten Kopf und ist der Prototyp eines athletischen und harmonischen Friesenpferdes.

Der Blütenstaub der Rapsblumen kitzelt so sehr in den Nüstern, dass der kleine Hengst kräftig niesen muss. Dabei streckt er sich und zeigt schon jetzt den Ansatz zu einem prächtigen Friesenhals.

Anmutig und mit geradezu erhabener Leichtigkeit bewegt sich dieser Hengst. Jilles 301 scheint losgelöst von der Erde und fliegt förmlich dahin, voller Kraft und Anmut. Die Vorderhand zeigt dabei eine extreme Anwinkelung.

Die »Friesensjees« ist eine leichte Kutsche, die in dieser Form seit dem Rokoko gebaut wird. Passend zur Farbgebung des Wagens sind Fahrer und Beifahrerinnen gekleidet. So trägt der Fahrer traditionell Zylinder, Kniebundhose und Stiefel mit Silberschnallen. Die Frauen setzen eine friesländische Ohrenhaube, »oorijzer« genannt, auf und darüber den «flodermuts«, ein weiteres Häubchen aus handgeklöppelter Spitze. Bei Vorführungen und Schaubildern sind die Sjees eine ganz besondere Attraktion.

In einer der vielen friesischen Legenden ist von einem jungen Mann die Rede, der jeden Abend an den Strand hinausritt und sich dort mit einem Schwan traf, der sich beim Silberlicht des Mondes in eine Seejungfrau verwandelte.

Eine Abends jedoch kehrte nur sein schwarzes Pferd zurück. Es hatte silberne Fäden im langen Haar. Der junge Mann ward nie mehr gesehen. Nur zwei Schwäne besuchten allabendlich die Gestade…

WESTERN HORSES

Lebendiger Mythos des Wilden Westens

Einsame Cowboys auf ihren Pferden in der Wildnis der Berg- und Wüstenregionen beflügeln die Fantasie aller jungen Menschen. Der Mythos von Freiheit und Abenteuer lässt die Sehnsucht nach der Weite des amerikanischen Westens fortleben. Wer einmal selbst zwischen den Felsnadeln des Monument Valley auf den Spuren von John Wayne geritten ist, wird dies niemals vergessen.

Denis aus Douglas Wyoming mit seine Frau und den australischen Shepards, seinen Hütehunden.

Denis hält den Bleistift, als wäre er ein Brenneisen. Seine knochigen, von Gicht verknoteten Finger umklammern den kleinen Holzstift eisern und zeichnen die Nummern der gebrandmarkten Kälber in das abgewetzte Heftchen, das er immer in der inneren Brusttasche seiner groben Arbeitsjacke mit sich herumträgt. Ab und an schiebt er den verbeulten Stetson aus dem Gesicht und wischt sich den Schweiß von der Stirn. Obwohl heute morgen eine dünne Schicht gefrorenen Taus über den Koppeln lag, ist es jetzt schon wieder heiß geworden. Hier oben auf 2000 m Höhe in den Rocky Mountains spürt man die Kraft der Sonne. Aber die Zeit zum Rasten ist knapp bemessen, denn es sind noch über 100 Tiere zu brennen. Das wird bis zum Einbruch der Dunkelheit fast nicht zu schaffen sein. Schon um 6 Uhr ist Denis meist bei den Tieren, oft hat sein Arbeitstag mehr als 15 Stunden. Doch die zählt er nicht. Denn seine Ranch ist sein Leben. Der Fluss hat ihm schon einmal sein Haus und alles Hab und Gut über Nacht unter dem Hintern weggespült. Im Nachthemd, mit den Cowboystiefeln an den Füßen, konnte er auf seinen Armen gerade noch die beiden kleinen Kinder wegtragen. Dennoch ist er geblieben und hat alles wieder aufgebaut, auf höherem Gelände. Denis ist groß, hager und von undefinierbarem Alter, mit grauen Haaren und wettergegerbtem faltigen Gesicht. Er ist wahrhaftig kein Vorzeigecowboy, wie ihn Westernserien oder Reklametafeln so gerne romantisch verklärt vorstellen. Das wirkliche Leben der Cowboys ist verdammt hart und schmutzig und fordert seinen Tribut. Von den Tausenden von Stunden im Sattel können viele alte Cowboys kaum noch gehen. Nachdem ich mit Denis ein paar Tage gearbeitet habe, kann ich das gut verstehen. Mit seiner Frau und einem Sohn betreibt er eine kleine Farm von 400 Hektar in Douglas Wyoming. Zum Leben reicht es, zu Wohlstand wird er es sicher nie bringen können. In Denis Adern fließt das Blut der alten Siedler, für die der Westen das verheißene Land war, in dem sie in Freiheit leben konnten. Alles, was weg führte von der Ostküste Amerikas hin zur Westküste Kaliforniens, war wild, fremd, neu und voller Abenteuer. Die Pferde, die man dort benötigte, mussten hart, zäh, widerstandsfähig und ausdauernd sein, nicht in Ställen geboren, sondern in der Weite der Prärie. Die Mustangs stellten eine undefinierbare Mischung wilder Pferde dar. Sie stammten von Tieren ab, die die spanischen Eroberer mitgebracht hatten oder von solchen, die ursprünglich auf den Farmen der Landbesitzer zu Hause gewesen waren. Diese Pferde vermehrten sich im endlosen Grasland so erfolgreich, dass sie im 19. Jahrhundert einen schier unerschöpflich scheinenden Vorrat für die Farmer und Siedler bildeten.

Spanische Reitweise und englisches »horsemanship« vermischten sich bei den Cowboys zu einer ganz eigenen, unverwechselbaren Reitweise. Sie musste funktional sein und praktisch, um viele Arbeiten einfach und zeitsparend ausführen zu können, so zum Beispiel das Einfangen von jungen Kühen mit dem Lasso zum Brennen, das Einreiten von rohen Mustangs und das Niederringen von Stieren, die vom Pferd aus angesprungen wurden. All diese Arbeitseinsätze werden heute als Sportart zelebriert und erfreuen sich nicht nur in Amerika großer Beliebtheit. Der Kult der Westernreiterei ist auf diese Weise viel lebendiger geblieben als die gesamte übrige Cowboykultur. Durch unzählige Filme und Werbespots für Zigarettenmarken ist der Cowboy inzwischen zum Mythos geworden. Doch wer einmal selbst das Leben von Cowboys, wie Denis einer ist, auf einer Ranch mit erlebt und dort mit gearbeitet hat, der weiß, wie weit Klischee und Realität voneinander entfernt sind – spätestens dann, wenn man nach zehn Stunden aus dem Sattel gleitet, die Beine ihren Dienst versagen und die Innenseiten der Schenkel sich wie sandgestrahlt anfühlen.

Ein Cowboy wäre nichts ohne seine Pferd. Es ist sein Partner bei gutem und schlechtem Wetter. Er muß sich auf es verlassen können, sich wortlos und ohne Mühe mit ihm verstehen. Darüber hinaus muss es über »cowsense« verfügen, über die Fähigkeit vorauszuahnen, wohin ein Rind in der nächsten Sekunde springt und wie man ihm den Weg abschneidet. Ein gutes »cowhorse« hat keine Farbe und keine Rasse, so sagen die alten Cowboys. Doch es gibt einige Rassen, die speziell für diese Arbeit gezüchtet wurden und exzellente Arbeit leisten, zum Beispiel das Quarterhorse. Es ist die älteste Rasse in den USA und mit mehr als fünf Millionen eingetragenen Pferden das größte Stutbuch der Welt.

Das Quarterhorse (mit vollständigem Namen »American Quarter Running Horse«) wurde im amerikanischen Bundesstaat Virginia, wahrscheinlich schon zu Beginn des 17. Jahrhunderts, von den Besitzern der Tabakplantagen gezüchtet. Es basiert genetisch auf den im Jahre 1611 von England importierten »Rennpferden«, den Vorläufern der Vollblüter. Diese wurden gekreuzt mit einheimischen Mustangstuten aus dem andalusisch-berberischen Import. Aus dieser Erbanlage entstand ein kompaktes, massiges Pferd, das durchaus in der Lage war, aus dem Stand zu sprinten und auf kurzen Strecken eine enorme Geschwindigkeit zuzulegen. Das animierte die Pferdebesitzer, Wetten auf ihre Pferde abzuschließen und die Tiere, wo immer möglich, gegeneinander antreten zu lassen. Die Rennen wurden auf Dorfstraßen und auf Feldwegen ausgetragen, am Wochenende und an Feiertagen, immer da, wo genügend Leute zusammen kamen, um auf die Pferde zu wetten. Dabei erwies sich die Distanz von einer Viertelmeile (»quarter-mile«) als die ideale Laufstrecke und gab so der Rasse ihren Namen. Das Quarterhorse entwickelte sich in kürzester Zeit zum perfekten »cowhorse«. Schnelligkeit und Sprintfähigheit auf der einen, Wendigkeit und Balance auf der anderen Seite. Vor allem sein untrüglicher Instinkt im Umgang mit den Rindern machten das Quarterhorse zum besten Arbeitspferd für die Ranch. Doch wirkliches Geld wird heute mit den Quarterhores im Sport verdient. Sie gelten als ideale Rodeopferde. Ausserdem werden sie auch beim Polo, bei Hindernisrennen und bei der Jagd eingesetzt. Nachkommen aus den wertvollen Blutlinien der großen Champions wie Joe Bailey und Peter McCue erreichen Millionenpreise. Das Stutbuch der Rasse wurde bei der »American Quarterhorse Association« mit Sitz in Amarillo, Texas, eingerichtet. »Quarterhorse-Associations« in vielen anderen Ländern und Kontinenten sorgen heute dafür, dass auch international – vor allem für Freizeit und Sport – die Nachfrage nach den Westernpferden steigt.

Einmal habe ich auf einem Quarterhorse die steilen Steinplatten auf die Felsen der Mesa erklommen, jene Tafelberge im Monument Valley, die man eigentlich nur aus den alten Westernfilmen mit John Wayne kennt. Hier habe ich dankbar gespürt, wie viel es bedeutet, sich auf ein gut durchtrainiertes Pferd verlassen zu können. Der Pfad hoch auf die Mesa war steil und bestand aus steinigem Geröll, aber unsere Pferde waren sich ihres Weges sicher. Oben angekommen, bot sich eine herrliche Aussicht auf die bizarren Steintürmedes Monument Valley. Wir konnten erkennen, wo wir die letzten Tage entlang geritten sind. Ich setzte mich in den Schatten, den mein Quarterhorse auf die roten Steine warf, um so wenigstens etwas Kühlung zu bekommen. Die Stille holte uns ein, um meine staubigen Stiefel herum flitzte eine Eidechse. Ich hatte sie aufgeschreckt. Mein Quarterhorse ließ den Kopf auf meiner Schulter ruhen und seine Barthaare kitzelten mein Ohr. Mit niemand auf der Welt hätte ich in diesem Augenblick tauschen wollen.

Weil so viele erdbeerfarbene Tupfen sein Fell zieren, hat Denis sein Arbeitspferd Strawberry getauft. Es wurde als junger Mustang gefangen und arbeitet seit 20 Jahren mit ihm.

Monument Valley. Es ist so still, dass man beginnt, der Stille zuzuhören. Dies ist ein magischer Ort, ein heiliges Tal der Indianer. An den Wänden sieht man Jahrtausende alte Felsreliefzeichnungen, sogenannte Petroglyphen. Seit vielen Jahrhunderten leben hier die Navajo Indianer, dem harten Klima und der Trockenheit zum Trotz. Sie haben in der Vergangenheit Überfälle der Spanier und der weißen Amerikaner ebenso überlebt wie

Raubzüge anderer Indianstämme. 1868 wurde ihnen ein Teil ihres ursprünglichen Landes als Reservat zugesprochen, darunter auch Monument Valley. 1938 hat John Ford hier seinen Film »Ringo« mit John Wayne gedreht und damit das Monument Valley weltweit bekannt gemacht. Seitdem hat es als eindrucksvolle Kulisse für unzählige Werbespots, Filme und Fotografien gedient.

Unter allen Westernpferden ist der Appaloosa wohl die attraktivste. Züchter dieses Pferdes waren die Nez Percé Indianer. Heute gibt es viele Kreuzungen mit Quarterhorses, doch der echte Appaloosa sollte zwischen 147 und 157 cm Stockmaß haben und von zäher und kräftiger Konstitution sein. Oft ist die Haut um die Nüstern und den Genitalbereich herum gesprenkelt. Es gibt viele Farbmuster, von denen nur einige für das Stutbuch anerkannt werden, so zum Beispiel der Tigerschecke.

Die fein gearbeiteten Kopfstücke sind kunstvoll mit Silberschmuck verziert und mit geflochtenem Pferdehaar geschmückt. Jede Region und jede Kultur, ob mexikanisch, indianisch oder amerikanisch, hat ihren eigenen Stil entwickelt, der sich in verschiedenen Ornamenten und Verzierungen ausdrückt.

Das Quarterhorse ist Amerikas Westernpferd Nr. 1 mit einigen Millionen eingetragener Pferde. Es ist das perfekte »cowhorse«, gezüchtet für die Arbeit mit den Rindern auf den riesigen Farmen im Westen. Es ist ein muskelbepacktes Pferd von 150 bis 160 cm, das über eine immense Ausdauer und enormen Arbeitswillen verfügt. Obwohl bei jungen Westernpferden – wie bei diesem vierjährigen Hengst – schon die Anlagen der Muskulatur zu sehen sind, wird erst durch Training und mit zunehmendem Alter der kompakte Ausdruck eines durchtrainierten Athleten erreicht, der so typisch ist für die Rasse.

Das über die Wiese tobende Quarterhorsefohlen zeigt beim Untersetzen seiner Hinterhand schon jetzt, welche kräftige Muskulatur es zu bieten hat. Junge Pferde bei ihren ersten übermütigen Sprüngen zu beobachten, ist die schönste Sache der Welt.

Wenn man sich vorsichtig an ein ruhendes Appaloosafohlen heran pirscht, gelingt einem ein derartiges Ausnahmefoto.

Dieser bodenständige ältere Typ des Appaloosa begegnete mir in einem Indianerreservat. Die alte »tradingpost« mit ihren mystischen Wanddekorationen besaß neben dem Kaufladen einen Stall, in dem die Pferde der Indianer eingestellt wurden, so lange diese beim Einkaufen waren. Hier konnten sie, in dem vom »weißen Mann« geführten Laden alles kaufen, was man für das tägliche Leben benötigte. Dafür tauschten sie ihre handgewebten Teppiche ein oder die kunstvollen Korbflechtereien, für die einige Indianerstä,mme berühmt waren.

SAWYER
MAY

Nur Quarterhorses mit harten Hufen und kräftigen Sehnen halten den Anforderungen stand, die das Gebirge und die Steinwüsten ihnen abverlangen. Doch gerade ihre eiserne Konstitution machte diese Rasse zum vielseitig verwendbarsten Pferd Amerikas. Die Quarterhorses – und all die dazu gehörigen Kreuzungen – sind in den Vereinigten Staaten so verbreitet, dass praktisch auf jeder Ranch und in jedem Reitstall einige von ihnen stehen. Quarterhorses zu züchten, ist heute ein lukratives Geschäft. Bei Auktionen werden hohe Preise erzielt, und einige sehr erfolgreiche Vererber kosten ein Vermögen.

Folgende Doppelseite
Der Indian Summer taucht dieses Tal, das an den Yellowstone Nationpark angrenzt, in strahlend goldene Farben, wenn das Laub der Aspenbäume sich verfärbt. Hier im Herzen Wyomings liegt die Farm meiner Freunde Bayard und Mel Fox, die Reiterreisen in die ganze Welt organisieren.

Cheyenne war eine wilde Mustangstute, die schon vielen Cowboys die Knochen gebrochen hatte und sich weder mit fairen noch mit unfairen Mitteln zwingen ließ, einen Reiter auf ihrem Rücken zu dulden. Ihr Schicksal war schon besiegelt, sie sollte am nächsten Tag abtransportiert und geschlachtet werden. Da traf sie Peer Vogel, einen Pferdeflüsterer aus Norwegen, der sich vom Fleck weg in sie verliebte. Mit unendlicher Geduld näherte er sich ihr und schaffte es, dass sie ihm vertraute. Schritt für Schritt gingen die beiden aufeinander zu und nach einiger Zeit ließ die Stute sich den Sattel auflegen und ertrug sein Gewicht. Peer mochte sich nicht mehr von ihr trennen. Auf dem John F. Kennedy Airport in New York spazierte er mit ihr am Strick in einen Frachtflieger nach Norwegen. Heute klettert Cheyenne durch die norwegischen Berge, als wären es die Rocky Mountains.

Denis hat ein verdammt hartes Leben. Auf seiner Ranch in Douglas Wyoming grasen zweitausend Rinder, die ihn kaum reich machen, aber seinen Lebensunterhalt garantieren. Das bedeutet Knochenarbeit im Sattel, oft von morgens früh bis abends spät.

Okie Isma Dad, ist ein Quarterhorse wie aus dem Bilderbuch, mit kraftvollem Hals, dynamischer Bewegung und viel Ausdruck.

»Cutting« ist ein Job ganz besonderer Art, für das Pferd wie für seinen Reiter. Nur Pferde, die mit echtem »cowsense« zur Welt gekommen sind, eignen sich für diese mit katzenhaften Bewegungen und großer athletischer Leistung verbundenen Aufgabe, ein Rind aus der Herde herauszulösen – (to cut, englisch, meint »schneiden«). Bei der Arbeit gibt der Reiter dem Pferd keinerlei Hilfen. Das Pferd muss in Bruchteilen von Sekunden wissen, was das Rind tun wird, um jederzeit im Vorteil zu bleiben. Cuttinghorses leisten den Cowboys in Amerika wertvolle Dienste, Cutting ist inzwischen auch zur sportlichen Disziplin avanciert. Einer, der sich darauf exzellent versteht, ist Jean-Claude Dysli, der als erster vor 30 Jahren Westernpferde nach Europa importierte.

Kein Mensch vergißt den Anblick einer tausendköpfigen Pferdeherde, die sich in einer Staubwolke nähert. Der Wind trägt das Wiehern der Pferde herüber, und wie das Trommeln eines Regenschauers wird das Geräusch der Hufe immer lauter. Mit viel Geschick und reiterlichem Können meistern die Cowboys ihre Arbeit, die gewaltige Energie und unermüdlichen Einsatz von Mensch und Pferd verlangt.

Vorhergehende Doppelseite
In der kargen Landschaft der Rocky Mountains suchen die Mustangs nach frischem Grün und graben mit ihren ufen Wurzeln aus, die sie fressen können. Nur die stärksten Tiere überleben den Winter und die Stuten bringen ihre Fohlen erst im späten Frühjahr zur Welt, wenn der letzte Schnee geschmolzen ist.

Früher waren »horsedrives«, also das Treiben von großen Pferdeherden über weite Entfernungen, an der Tagesordnung. Doch heute gibt es nur noch selten wirklich große Herden, die 800 bis 1000 Pferde zählen. Auf der Sombrero Ranch in Colorado gibt es eine solche Herde. Die Pferde, die den Sommer über auf verschiedenen Ranches gearbeitet haben, kehren alle am 1. Dezember in die Wildnis der Berge zurück. Dort bleiben sie ein halbes Jahr, ohne jeglichen Eingriff des Menschen. Sie suchen sich ihr Futter unter der Schneedecke und zertreten die Eisschicht der Bäche, um an frisches Wasser zu kommen. Viele der Pferde sind Mustangs, die in diese lebensfeindliche Umgebung hinein geboren wurden. Die anderen Pferde lernen schnell, sich anzupassen und zu überleben. Im Frühsommer werden die Pferde tagelang in dem riesigen Gebiet aufgespürt und wieder zusammen getrieben. Dann geht der große Treck mit den 1000 Pferden über 100 Meilen zurück zur Ranch – und die Sommerarbeit kann beginnen.

In den Rocky Mountains herrscht ein erbarmungsloser Winter. Bei minus 20 Grad und einer geschlossenen Schneedecke von einem Meter und mehr ist es sehr mühsam, mit den Pferden voranzukommen. Ray Heid unternimmt mit seinen gezähmten Mustangs und seinen Araberpferden »trails« durch die glitzernde Schneelandschaft Colorados.

HAFLINGER

Bergpferde mit Familienanschluß

Die Tiroler Alpen sind die Heimat der Haflingerpferde. Diese trittsicheren Bergpferde besitzen den Charme der Araber, die Rittigkeit eines Warmblutpferdes und den Arbeitswillen eines Kaltbluts. Ihr Charakter ist so ausgeglichen, dass sie wunderbare Freizeitpferde sind, und ihre Gutmütigkeit ist so sprichwörtlich, dass sie zum bevorzugten Kinder- und Jugendpferd avancierten.

Der Haflingerhengst Winterstein vom Fohlenhof Ebbs ist ein wundervolles Beispiel dieser Rasse.

Mit einem dumpfen Geräusch schlägt die alte Stalltür hinter mir zu. Noch bevor sich die Augen an die Dunkelheit gewöhnt haben, vernehme ich die vertrauten Stallgeräusche: Das leise Rasseln einer Kette, das energische Zupfen an einem Heuballen und das malmende Zerkleinern der Halme zwischen den mächtigen Kiefern der Kühe. Vor der Tür hängt ein Spalier von Eiszapfen, in denen sich die Sonne funkelnd spiegelt – bei minus 20 Grad und klirrendem Frost. Hier drinnen ist es wohlig warm. Und es riecht nach Milchkühen und Pferden. Nur durch ein kleines Stallfenster dringen ein paar Sonnenstrahlen herein, die mit den Staubteilchen in der Luft spielen. Langsam kann ich mehr erkennen. Die dicken Hinterteile von vier Kühen lachen mich an. Neugierig wenden sie ihre mächtigen Köpfe mir zu und beäugen mich interessiert. An der Seite seiner Mutter steht ein Kälbchen und freut sich über meinen Besuch. Es lugt mit seinen Riesenaugen über eine halb hohe Holzwand, die seinen Ministall begrenzt. Meine Finger fahren durch das leicht gekrauste weiche Fell, während seine kleine raue Zunge über meine Wange leckt. Noch während wir uns beschmusen, werde ich von hinten sanft an meiner Jacke beknabbert. Als ich mich umdrehe, steht ein Fohlen vor mir. Sein Fell hat genau die gleiche hellbraune Farbe wie das des Kälbchens, doch die leuchtend hellen Mähnehaare stehen senkrecht in die Höhe. Seine Mutter, eine wunderschöne alte Haflingerstute, hat ihren Platz neben den Kühen im Stall und sieht mich mit ihren klugen großen Augen aufmerksam an. Mein Herz macht einen Satz vor Freude über den Frieden, den ich in diesem alten Stall erleben darf.

Hier in Südtirol, in der Nähe des kleinen Dorfs Hafling, liegt der Ursprung der Zucht. Auf den Saumpfaden über die Alpen haben Jahrhunderte lang kleine robuste Pferde Waren zwischen Italien, Österreich und Deutschland hin und her transportiert. Diese eher vom Noriker abstammenden Pferde, deren Vorfahren schon die Römer kannten, wurden im 19. Jahrhundert mit orientalischen Halbblutpferden veredelt. Es entstand im Lauf der Zeit eine neue Rasse, die auf wunderbare Weise die besten Eigenschaften zweier sehr unterschiedlicher Pferdetypen vereinte. Der Stammvater der modernen Haflinger ist der Hengst *Folie 249*, der 1874 geboren wurde und durch den Vater, den Shagya-Hengst *El' Bedavi*, orientalisches Blut in den Adern hatte. Zuchtverbände in Tirol und Südtirol wachen strikt über die Qualität der eingetragenen Pferde. Ganz besonders der österreichische Fohlenhof Ebbs, auf dem alle vier Jahre die Weltmeisterschaften der Haflinger stattfinden, ist eine der wichtigsten Zuchtstätten der Rasse. Der Edelweißbrand mit dem H in der Mitte ist zum Markenzeichen einer Zucht geworden, die als ausgesprochen zuverlässig und ausdauernd gilt. Bei einer Größe von circa 140 cm zeichnen sich die Tiere durch die flachsfarbene Mähne und den Schweif zu einem fuchs- oder rotfuchsfarbenen Fell aus.

Heute ist der Haflinger eine der beliebtesten Pferderassen Europas mit vielfältigen Einsatzbereichen, als Freizeitpferd oder beim Westernreiten. Im Fahrsport, ob mit Zwei- oder Vierspänner, liegen sie immer auf den ersten Plätzen. Bei den traditionellen Schlittenrennen, die im Januar und Februar auf den zugefrorenen Seen abgehalten werden, gibt es gesonderte Klassen für historische Schlitten oder moderne selbstgebaute Variationen. Das Ganze ist in jedem Fall eine »Mordsgaudi«, wie die Einheimischen zu sagen pflegen. Natürlich hat die allgemeine Motorisierung der Landwirtschaft auch nicht vor den Südtiroler Bergen, auf deren »Matten« die Haflinger zu Hause sind, halt gemacht. Doch es gibt immer noch genug alte Höfe, die über der Baumgrenze liegen und so steile Felder und Wiesen zu bestellen haben, dass gar keine Maschinen eingesetzt werden können. So ist das auch bei der

Familie Wassner, die ihren Hof seit vielen Generation betreibt. Das Leben hier ist nicht leicht, es ist sehr einfach und karg, so wie die Einrichtung des alten Bauernhofs. In der großen Stube, die durch einen gewaltigen massiven Eichen-Esstisch und das Kruzifix in der Ecke beherrscht wird, gibt es keinen großen Luxus, einzig der Fernseher steht in der anderen Ecke. Man schlachtet selbst und versorgt sich so weit als möglich selbst, ganz, wie es schon die Großmutter getan hat. Das Wohnhaus liegt nahe beim Stall und man teilt das Leben mit den Tieren.

Der Wassnerbauer ist ein hagerer, schweigsamer Mann. Als er in den Stall kommt, schließt er die Tür schnell hinter sich, um die frostige Kälte gering zu halten, die sich mit ihm hereinschleicht. Er will die Stute, seine Rosi, vor den Schlitten spannen, um auf den Berg zu fahren. Es gilt das Brennholz abzufahren, das er im Herbst geschlagen hat und das jetzt gebraucht wird, um den großen Kachelofen zu heizen. Als er sieht, dass ich die Stute putze, setzt er sich einfach auf den Strohballen, kaut seinen Tabak und schaut mir zu. Das Gefühl, alle Zeit der Welt zu haben, durchfließt mich wie ein magischer Strom. Als könnte ich die Zeit in meine Hände nehmen und einfach anschauen. Hier oben in den Bergen herrschen noch andere Gesetze. Wenn im Winter die Verbindung zur Außenwelt zusammenbricht, dann sind Tiere und Menschen aufeinander angewiesen, wie es schon vor Urzeiten war. Und auch das Pferd erhält wieder seine angestammte Rolle, die einst darin bestand, dem Menschen durch seine Arbeitskraft das Überleben zu sichern. Der Haflinger wurde nicht nur als Tragpferd auf den Saumpfaden eingesetzt, sondern auch als Arbeits- und Zugpferd. Er transportierte die Lasten zu den entlegenen Bauernhöfen und zog die Schlitten, mit denen das geschlagene Holz aus den Bergen herabgebracht wurde. Nur das Pferd gewährleistete, dass man von den verschneiten Höfen ins Tal oder zum nächsten Hof gelangen konnte. Der Haflinger war und ist ein Mitglied der Familie und das alljährliche Fohlen läuft während der Arbeit immer bei der Mutter mit. So lernt es spielerisch und schnell, was es in seinem Leben zu tun hat. Doch die Menschen haben auch ihren Spaß mit den Pferden, besonders im Winter, wenn die Arbeit draußen ruht. Traditionell finden im Januar viele Feste statt. Man trifft sich mit den Schlitten und fährt Rennen auf den vereisten Seen und Weihern. Die Pferde brauchen Bewegung, gerade auch im Winter, und solche sportlichen Aktivitäten bieten eine gute Möglichkeit, sie fit und gesund zu halten.

Um eines dieser Schlittenrennen zu fotografieren, bin ich in das entlegene Südtiroler Bergdorf gekommen. Die Kamera ist mir eingefroren und das Auto zugeschneit. Ich habe keine Ahnung, wie und wann ich wieder wegkommen werde. Doch statt Rastlosigkeit hat mich eine ganz ungewohnte Ruhe und Gelassenheit befallen. So bin ich in diesen Stall gekommen. Mit Sorgfalt bürste ich immer noch den wunderschönen Schweif der alten Stute, die ihren Dienst schon seit 20 Jahren auf dem Hof erfüllt und 18 Fohlen zur Welt gebracht hat. Der Bauer spricht immer noch kein Wort. Er lässt mir Zeit. Und erst als ich die Bürste weglege, steht er auf und holt wortlos das Kummet. Als die Tür aufschlägt, peitscht ein schneidender Wind durch die Tür. Und die Kälte dringt beim nächsten Atemzug schmerzlich in die Lungen. Das Fohlen aber wiehert freudig, als es nach draußen geht, und springt übermütig durch den Neuschnee der letzten Nacht. Vielleicht wird es ja auf Dauer in dieser Bergwelt mit ihren ganz eigenen Gesetzen und ihrem eigenen Rhythmus bleiben. Vielleicht wird es eines Tages aber auch in die große weite Welt hinaus ziehen und sich dort als »Botschafter« für eine ungemein liebenswerte Pferderasse in die Herzen der Menschen schmeicheln.

Wenn in den Südtiroler Alpen die Schlittenpferde angespannt werden, springt oft ein Fohlen neben seiner Mutter her. Es lernt spielerisch die verschiedenen Pflichten kennen, die es selbst später auf dem Bergbauernhof zu erledigen hat.

Im Oktober ist die große Freiheit für die zweijährigen Junghengste zu Ende. Den Sommer über haben sie in absoluter Freiheit auf den Berggipfeln gelebt und ihre Muskeln und Sehnen beim Kraxeln über Stock und Stein gestählt. Jetzt kommen sie wieder ins Tal herunter und müssen lernen, was es heißt, einen Sattel und Zaumzeug zu tragen. Die Trittsicherheit, die sich die Pferde bei der robusten Aufzucht aneignen, macht sich die österreichische und deutsche Armee zunutze. Sie werden sowohl in Berchtesgarden bei den Gebirgsjägern als auch in Tirol als Tragetiere ausgebildet.

Folgende Doppelseite:
Der Hengst Saphir vom Fohlenhof Ebbs ist mit seiner breiten Brust, seinem kräftigen Fundament und seiner weit ausgreifenden Bewegungsfreudigkeit ein Prototyp der Haflingerrasse. Der edle Kopf und die wehende helle Mähne verleihen ihm eine besondere Ausstrahlung.

Hoch oben auf der Alm am Spitzsteinhaus in Tirol haben die halbstarken Hengste viel Zeit und Gelegenheit, ihre Kräfte zu messen. Spielerisch lernen sie sich zu verteidigen, anzugreifen und auch ein paar Tritte einzustecken. Hier entwickelt sich ihr starkes Selbstbewusstsein, für das die Rasse bekannt ist.

Der Haflinger ist aufmerksam, intelligent und ausgesprochen lernbegierig. Mit einer soliden Konstitution ausgestattet und durch die Aufzucht in den Alpen auf mehr als 2000 m Höhe mit einem enormen Lungenvolumen ausgestattet, kann er bis zu 40 Jahre alt werden.

Die kleine Sennerhütte, ohne Strom und fließendes Wasser und nur mit einem Specksteinofen versehen, ist den Sommer über das Zuhause einer jungen Frau namens Barbara. Sie kümmert sich liebevoll um die 30- bis 40-köpfige Jährlingsherde vom Fohlenhof Ebbs, die ihrer Obhut anvertraut ist.

Morgens muss sie nicht weit gehen, um ihre Schützlinge zu finden. Denn wenn sie aus dem kleinen Fenster schaut, sieht sie die Blondschöpfe schon putzmunter am Zaun stehen und auf sie warten.

Wem sich einmal die Gelegenheit bietet, zu den Jungpferden auf die Almen hochzusteigen, sollte diese nützen und einen Tag mit ihnen verbringen. Man kann beobachten, wie sich die Tiere untereinander verhalten, was sie fressen, welche Kräuter oder welche Mineralien sie an welchen Stellen finden. Man lernt die liebsten Ruheplätze kennen und sieht, wie sie vorsichtig die Hänge hinabklettern und mit welcher Behendigkeit sie über die Felsen steigen.

In Tirol ebenso wie in Südtirol sind die Haflinger ein fester Bestandteil der Kultur. Je nach Region und Tal verändern sich die Trachten, der Stil des Wagens und des Geschirrs, mit denen die Pferde angespannt werden. Eines jedoch wird überall gleichermaßen geschätzt: ein gutes Haflingerpferd wie dieses typvolle Exemplar. Seine helle Mähne und sein prächtiger Schweif sind ein Markenzeichen, oft begleitet von einem leichten Behang der Beine. Dies ist ein Geschenk seines Ahnen, des Norikers. Doch seine kleinen feinen Ohren, die im üppigen Mähnenhaar verschwinden, sind Erbstücke des arabischen Blutes, das in seinen Adern fließt.

Haflinger lieben den Winter, sie sind seit Kindesbeinen an Schnee und Eis gewöhnt und haben keine Probleme, im vollen Galopp durch den Schnee zu toben. Auf dem Tolderhof in Olang in Südtirol kann man zum Beispiel wunderbare Reittouren machen oder mit dem Schlitten fahren. Es ist ein ganz außergewöhnliches Erlebnis, unter Glockengeläut durch einen verschneiten Bergwald zu gleiten.

Die einfachen Holzschlitten werden immer noch so gebaut wie vor hundert oder zweihundert Jahren. Da gibt es keinen Nagel oder andere Eisenteile, denn die würden in der anhaltenden Kälte brüchig werden. Jedes Holzteil ist mit einem Holzriegel verzapft; bewegliche Teile werden nur mit Stricken festgezurrt.

Rosi ist eine schon etwas betagte Haflingerstute, die auf dem gleichen Hof wie ihre Mutter, hoch in den Südtiroler Alpen, geboren wurde. Der Wassnerbauer kann sich auf Rosi blind verlassen, denn sie kennt ihre täglichen Pflichten ganz genau. Im Winter gibt es weniger zu tun. Da ist es eine willkommene Abwechslung, wenn angespannt wird, um mit dem Schlitten das im Herbst geschlagene Holz aus den Bergen zu holen. Rosi stemmt sich kräftig gegen die Last des mit Holz beladenen Schlittens und bremst mit ihrer kräftigen Hinterhand den Schub des Gefährtes ab, um langsam und sicher wieder ins Tal zurück zu kommen.

ARABISCHES VOLLBLUT

Pferde von atemberaubender Schönheit und Grazie

Das Arabische Vollblutpferd ist unter allen Pferderassen einzigartig. Seit Jahrhunderten beflügelt es die Fantasie der Menschen. Keine andere Rasse ist heute so beliebt und über die ganze Welt verbreitet wie dieses Pferd, das Schönheit, Anmut, natürliche Noblesse und Intelligenz in sich vereint.

Das königliche Gestüt in Amman, Jordanien, pflegt die Tradition der Araberzucht seit langer Zeit.

Das Chaos Kairo tobt rings um mein Taxi, Eselskarren mit Bergen von reifen Wassermelonen blockieren die mit Menschentrauben behangenen Busse. Kleine Karren mit bunten Süßwaren schieben sich an meinem Fenster vorbei. Überall liegt Staub, auf den Häusern, den Pflanzen, den Straßen, es hat seit Monaten nicht geregnet. Nur der Nil spendet das Wasser für diesen Moloch von Stadt mit seinen mehr als 14 Millionen Einwohnern. Regnen wird es erst wieder im Winter. Die ungefilterten Abgase der Busse und verrosteten Lastwagen verdichten den Smog über Kairo. Seit mehr als zwei Stunden sitze ich auf der klebrigen Plastikrückbank des schäbigen gelben Taxis, das bei jedem der zahlreichen Schlaglöcher auseinander zu fallen droht. Fast habe ich die Hoffnung aufgegeben, El Zahraa noch zu finden. El Zahraa: Das klingt inzwischen wie der Name einer Oase, einer Fata Morgana, die ich niemals werde erreichen können. Der Fahrer hat behauptet zu wissen, wo das ägyptische Staatsgestüt liegt, doch tatsächlich hat er den Namen noch nie gehört. Meine Suche ist zu einer Odyssee geworden. Jetzt fahren wir, inmitten eines Wohngebietes mit Hochhäusern, auf eine lange Mauer zu. Hier will ich ein letztes Mal anklopfen und nach El Zahraa fragen. Als sich das schmiedeeiserne Tor öffnet und wir hindurch fahren können, liegt eine Palmenallee vor mir. Rechts und links die großen Paddocks sind mit Eukalyptusbäumen eingerahmt und voller Pferde. Erleichtert atme ich auf, endlich bin ich am Ziel. Da stoppt das Taxi. Ich schaue auf und erblicke zum ersten Mal *Echnaton*. Eine makellose Erscheinung im flirrenden Sonnenlicht, die Ohren aufmerksam gespitzt, jeder Muskel gespannt, verharrt er für den Bruchteil einer Sekunde regungslos und blickt mich eindringlich an. Dann ein leichtes Zittern der Flanken, ein warnendes Schnaupen mit aufgeblähten Nüstern, mitten aus dem Stand ein gewaltiger Sprung, spielerisch in die Luft. Zurück bleibt nur die von ihm aufgewirbelte Staubwolke. Sprachlos blicke ich ihm hinterher. Dieser strahlende Schimmelhengst scheint ein Wesen aus einer anderen Welt zu sein.

Echnaton ist mein erstes Fotomodell geworden, und ich habe lange Zeit damit verbracht, ihn zu studieren. Gleichzeitig wurde ich mehr und mehr auf El Zahraa heimisch und lernte all die anderen Deckhengste und Stuten kennen. El Zahraa, das ägyptische Staatsgestüt, ist der Hort der besten Blutlinien arabischer Pferde. Es entstand in der Nachfolge des Privatgestüts von Abbas Pasha, einem fanatischen Pferdezüchter aus dem Geschlecht der königlichen Familie, der seinen Pferden auf der sogenannten Roseninsel, mitten im Nil, einen eigenen Palast baute. Anfang der 1920er Jahren entschloß man sich, das bedeutsame kulturelle Erbe der von ihm aufgebauten Rasse fortzuführen. Mit 16 Stuten und 22 Hengsten, die zum großen Teil aus England angekauft wurden, begründete man die neuerliche Zucht. Eine Farm, Bachtim Stables, war zunächst die zentrale Zuchtstätte. Doch schon bald wurde sie auf ein weiträumiges Gelände in der Nähe von Kairo verlegt. So entstand das Gestüt El Zahraa. Von hier aus wurden die Tiere später in alle Welt exportiert und haben in Polen, Spanien, Deutschland, England und in Amerika die Anfänge berühmter Zuchten begründet.

Die Zucht des reinen arabischen Pferdes war schon Jahrhunderte zuvor vom Propheten Mohammed zur heiligen Sache und zum festen Bestandteil von Kultur und Glauben erhoben worden. Um das Arabische Vollblut ranken sich endlose Mythen und Erzählungen, mehr als um jede andere Pferderasse. Gerühmt werden dabei vor allem die außergewöhnlichen Fähigkeiten dieses herrlichen Geschöpfes und seine innige Verbundenheit zum Menschen. Auch der nie geklärte Ursprung der arabischen Rasse beschäftigte die Menschen immer wieder. Es gibt viele Theorien dazu, einige reichen zurück bis zu Baz, dem Urenkel Noahs. Aber wo auch immer das Arabische Vollblut wirklich herstammt – es hat sich über die Jahrtausende in der geographisch isolierten Region der arabischen Halbinsel zu einer ganz außergewöhnlichen Rasse entwickelt. Insbesondere die harten Lebensbedingungen der Wüste haben das Pferd geprägt. Sein Leben war von der Geburt bis zum Tod eine ununterbrochene Leistungsprüfung. Unter härtesten klimatischen Bedingungen, bei spärlicher und unregelmäßiger Ernährung, wurden ihm immer wieder Höchstleistungen abverlangt. Derartigen Anforderungen waren nur wenige Tiere gewachsen. Durch diese gnadenlose Selektion und die durch äußere Faktoren bedingte Isolation entwickelte das Arabische Vollblut seine bestechenden Eigenschaften: Genügsamkeit, Ausdauer, Widerstandskraft, Robustheit und Schnelligkeit. Neben diesen physischen Vorzügen zeichnet es sich vor allem durch seinen einzigartigen Charakter aus. Seine Intelligenz und Wesensart sind durch das enge Zusammenleben mit dem Menschen geprägt. Pferd und Mensch waren in der Wüste voneinander abhängig.

Die Beduinen lebten von Kriegs- und Raubzügen, dazu waren sie auf schnelle, ausdauernde Pferde angewiesen. Im allgemeinen bevorzugten sie Stuten, da diese leichter zu handhaben waren und sich die Blutlinie einfach fortsetzen ließ. So manche Stute teilte sogar das Lager im Innern des Zeltes mit den Menschen. Kinder schliefen bei ihr und wuchsen zwischen ihren Beinen spielend auf. Die Fohlen, die oft im Zelt geboren wurden, da die Nächte in der Wüste sehr kalt werden können, waren die besten Spielkameraden der Welt. Nur durch dieses enge Zusammenleben konnten sich Treue und Ergebenheit des arabischen Pferdes gegenüber seinem Herrn so ausgeprägt entwickeln. Die legendäre Opferbereitschaft, in tausend Geschichten immer wieder erzählt und von Europäern oft belächelt, ist Ausdruck innigster Verbundenheit von Mensch und Tier. Als die Nomaden besiegt und ihre Reiche zerstört wurden, beraubte man sie auch ihrer Pferde. Besonders die Vizekönige von Ägypten sicherten sich die besten Tiere und begründeten damit die heutige Zucht des Arabischen Vollbluts. Im Gestüt El Zahraa findet man die Nachkommen dieser Wüstenpferde wieder. Darüber hinaus gibt es kaum eine Pferderasse auf der Welt, die nicht arabisches Blut in ihren Adern führt. Während der islamischen Invasion im 7. Jahrhundert n.Chr. veredelte das arabische Pferd fast alle damals in Europa heimischen Rassen.

Lange Zeit schien es, als werde die intensive Zucht arabischer Pferde allein in westlichen Ländern fortgeführt, als würden sich nur in USA und Europa Menschen finden, die bereit wären, das arabische Pferd mit der Liebe zu umgeben, die ihm gebührt. Nur wenige Herrscherfamilien, wie das jordanische und marokkanische Königshaus, kümmerten sich in der Heimat des Araberpferdes um die Erhaltung alter Blutlinien. Inzwischen hat sich auch in den Ölstaaten am Persischen Golf die Einstellung zu Pferden geändert. Einige ambitionierte Züchter, wie der Emir von Quatar, haben eine Auswahl der besten Pferde der Welt gekauft und die Zucht in den arabischen Ländern mit neuem Leben erfüllt. Gewaltige Gestütsanlagen im Oman, in Saudi-Arabien und den Emiraten sind nicht nur architektonisch eine wunderbare Verschmelzung von arabischer und moderner Kultur. Auch im Bereich der Veterinärmedizin wird modernste Technologie zum Einsatz gebracht. So schließt sich der Kreis: Denn das arabische Pferd ist von den Zelten der Scheichs in der Wüste in die modernen Paläste ihrer Nachfahren zurückgekehrt und hat seinen angestammten Platz eingenommen. Es erfährt wieder die Bewunderung und den Respekt, die ihm gebühren.

Echnaton, der ungekrönte König des ägyptischen Staatsgestüts El Zahraa, ist ein Ausnahmehengst mit herrschaftlicher Ausstrahlung.

Die Pferde, die im ägyptischen Staatsgestüt El Zahraa gezüchtet werden, zeichnen sich durch ihre besondere Schönheit aus.

So schön, so klug, so empfindsam: Seit jeher verbindet den Menschen eine Beziehung besonderer Art mit dem Arabischen Vollblutpferd.

Keine andere Pferderasse hat so wundervoll ausdrucksstarke Augen wie das Arabische Vollblut. Stuten, wie besispielsweise die aus der ägyptischen Zucht Kot el Kotoub, bringen Fohlen zur Welt, die wie ein filigranes Kunstwerk anzusehen sind. Kein Wunder, dass schon die Beduinen in der Wüste die Stuten und deren Fohlen mit besonderer Fürsorge und jeder erdenklichen Zuwendung bedachten. Sie hielten sich streng an das ungeschriebene Gesetz, wonach die Fohlen immer der Mutterlinie zugerechnet wurden. Die Stuten garantierten den Fortbestand einer Blutlinie und daher wurden sie nie verkauft. Die einzige Möglichkeit, sich Pferde zu verschaffen, bestand darin, sie zu stehlen. Mißlang das, bezahlte man mit dem Leben. War dem Unternehmen Erfolg beschert, so galt es als eine Heldentat.

Arabische Pferde sind vertraut mit dem Staub der Wüste und mit gnadenloser Hitze. Jahrhunderte lang haben sie unter extremen klimatischen Bedingungen gelebt und dabei ihre besten Eigenschaften verfestigt: Genügsamkeit, Ausdauer, Widerstandskraft, Robustheit und Schnelligkeit. Heute sind sie in fast allen Ländern der Welt und in unterschiedlichsten Klimazonen zu Hause, ohne dabei ihre genetische Veranlagung maßgeblich zu verändern.

Folgende Doppelseite
Dass Afifa schon über 20 Jahre alt ist, sieht man ihr nicht an. Wie keine andere Rasse gewinnen arabische Pferde im Alter an Schönheit und die markanten Gesichtszüge treten noch stärker hervor.

An den Pyramiden von Kairo sind schon die Pharaonen mit ihren Pferden und Streitwagen vorbei gefahren. Und zahllose Könige und Herrscher des Reiches am Nil kamen auf ihren schönsten arabischen Pferden, um einmal den unvergleichlichen Sonnenuntergang in der Wüste mit eigenen Augen zu sehen.

Das Gestüt der Familie Marei liegt in der Nähe der Pyramiden von Gizeh. Es ist eine der wichtigsten und erfolgreichsten Zuchtstätten in Ägypten. Im Palmen bewachsenen Innenhof trifft man Schimmel wie den Hengst Ameer Albadia, aber auch Pferde in der für Araber äußerst seltenen schwarzen Fellfarbe.

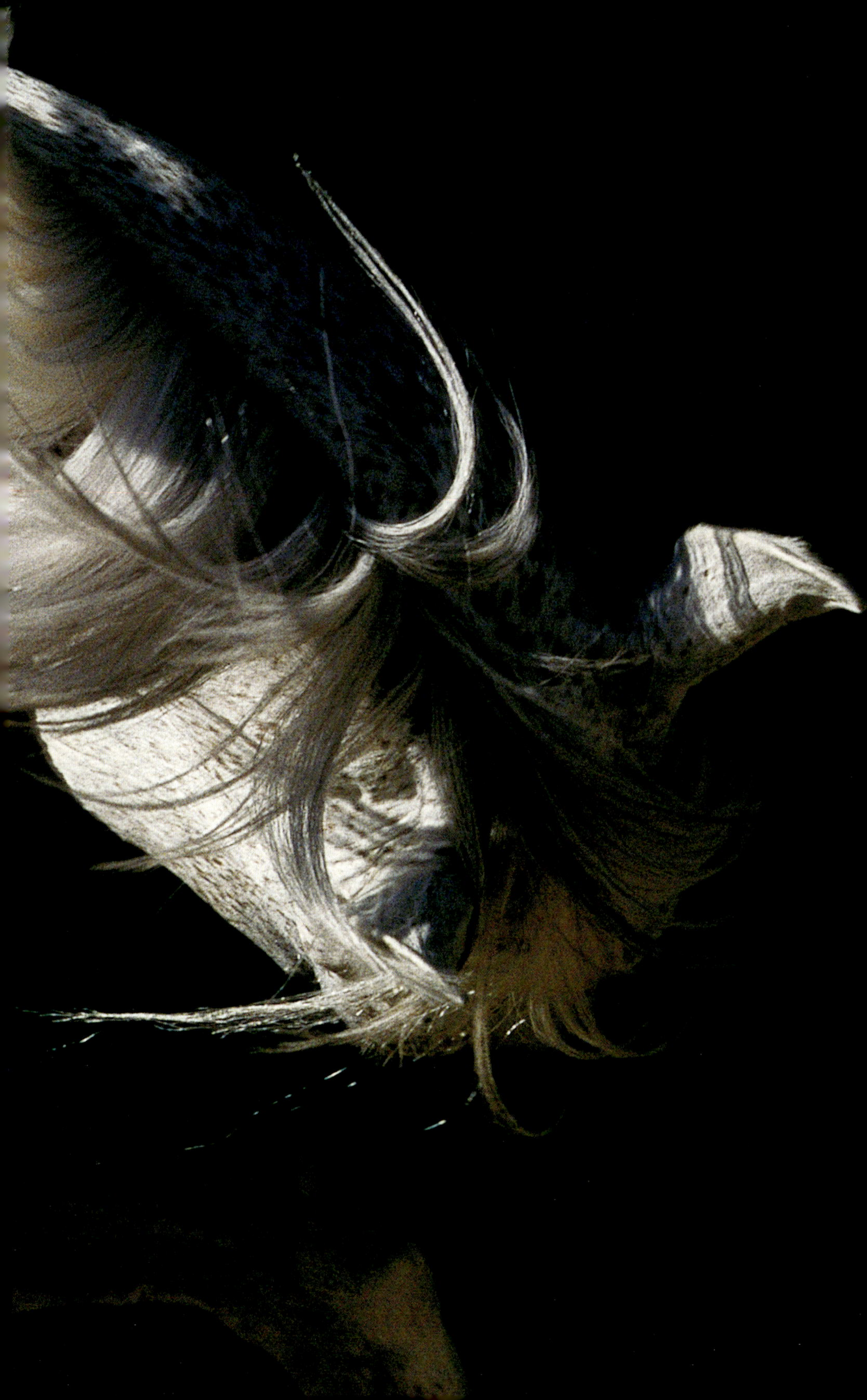

»Als Gott das Pferd schaffen wollte, sprach er zum Südwind: ›Ich will aus dir eine Kreatur erschaffen zur Ehre meiner Heiligen, zur Demütigung meiner Feinde und zum Vorteil aller, die mir ergeben sind.‹
Der Südwind sprach: ›Tue das, mein Schöpfer‹.
Daraufhin nahm Gott eine Handvoll Südwind und schuf daraus das Pferd. Zu ihm sprach er:
›Dein Name ist arabisch, das Gute sei gebunden an deine Stirnlocke, die Beute an deinen Rücken.
Ich habe deinen Besitzer zu deinem Freund gemacht.
Ich habe dich begünstigt vor allen anderen Lasttieren.
Ich habe dir die Kraft verliehen zum Fliegen ohne Flügel, sei es im Angriff oder im Rückzug. Ich will auf deinen Rücken Männer setzen, die mich preisen‹.«

(Aus einem Arabischen Schöpfungsmythos)

Die arabischen Länder verdanken ihrer Kultur bleibende architektonische Kunstwerke aus Lehm, Stein und Marmor. Doch ohne Zweifel ist das arabische Pferd das lebendigste und schönste Vermächtnis dieser reichen Kultur. In vielen Versen und in den Gedichten der fahrenden Sänger werden die Vorzüge des Pferdes gepriesen. So schrieb der Dichter Ibn Rashid 1064 n.Chr.: »Zu drei Ereignissen beglückwünschen sich die Araber: zur Geburt eines Sohnes, dem Besuch eines Poeten in ihrer Mitte und zu der Geburt eines Fohlens«.

Das arabische Pferd hatte schon immer einen fast mystischen Platz im Herzen der Beduinen, schließlich heißt es: »Die bösen Geister betreten niemals ein Zelt, in dem ein asiles Pferd steht«. Aus den Beduinenzelten trat das Pferd seinen Siegeszug in die ganze Welt an und eroberte die Herzen aller Menschen, gleich, welchen Glaubens oder welcher Nationalität.

BASUTO PONY

Afrikas genügsame Ponys

Hier im Königreich über den Wolken in Lesotho ist ein sehr unscheinbares, aber trotzdem sehr beeindruckendes Pferd zu Hause. Das Basuto Pony, hauptsächlich gezüchtet vom Stamme der Bantu, vereint Englisches Vollblut, indonesisches Pony und spanische Ahnen in seinem Blut. Kein anderes Pferd wird so intensiv und vielfältig im südlichen Afrika eingesetzt wie das Basuto Pony.

Wer in Lesotho auf Reittour geht, erlebt mit Glück ein »pinkfarbenes Wunder«, wenn auf den Hängen der Berge millionenfach kleine Blüten ihre Pracht entfalten. Kakteen mit bis zu einem halben Meter Durchmesser sind keine Seltenheit.

Vorsichtig setzt die Ponystute ihren rechten Vorderhuf auf die schräg abfallende Steinplatte und sucht nach einem Halt. Sie prüft noch einmal, ob die kleine Vertiefung im Stein unser Gewicht hält und zieht dann die Hinterbeine langsam unter dem Körper nach. Mucksmäuschenstill sitze ich im Sattel und wage kaum zu atmen. Ich habe keinen Blick übrig für die atemberaubende Bergkulisse, noch nehme ich die schwarzen Gewitterwolken wahr, die sich hinter uns am Horizont aufbauen und von einem dramatischen Wetterleuchten begleitet werden. Tief unter uns liegt der Makhalea Fluss, den wir erreichen müssen. Noch habe ich keine Ahnung, dass durch den starken Regen die Furt sehr tief geworden ist und wir durch den Fluss schwimmen werden. Denn im Moment zählt nur dieser steile, abschüssige Bergpfad, der aus losem Geröll besteht und über viele große Steinplatten führt, die durch Wind und Regen glatt poliert wurden. Immer wieder muss die zierliche Stute über Steinbrüche klettern und wählt sehr sorgfältig die Punkte aus, auf die sie ihre Hufe setzt. In den letzten Tagen habe ich mit diesem kleinen braunen Pferd so viel erlebt, dass ich ihm tiefes Vertrauen entgegenbringe. Eigentlich habe ich auch keine andere Wahl. Der Pfad ist viel zu schmal und zu steil, als dass ich überhaupt absteigen könnte.

Einige Serpentinen weiter unten sehe ich Tseliso reiten, den Führer unseres kleinen Trecks, mit einer roten Wolldecke als Cape, dem eigentümlichen Strohhut auf dem Kopf und dem Proviantsack mit Pferdefutter auf dem Rücken. Neben seiner Stute läuft ein junges Fohlen und hüpft wie eine Gemse über den abschüssigen Berg. Da passiert es. Von oben kommt eine kleine Steinlawine heruntergeprasselt und trifft das Vorderfußgelenk meiner Stute, zieht ihr die Beine weg und wir schlittern einige Meter über eine Steinplatte, die uns wie eine Abschussrampe beschleunigt. Die Kleine kommt wieder auf die Beine, macht sich stocksteif wie ein Holzpferd und duckt sich. Genauso stocksteif vor Panik sitze ich oben drauf, auf das Schlimmste gefasst. Ohne einen Blick von den Ohren meiner Stute zu wenden, überlege ich mir, wie tief wir wohl stürzen werden. Doch noch vor dem Ende der Steinrampe macht sie einen Satz, aus der Geschwindigkeit heraus, die wir erreicht haben, dann noch drei, vier Galoppsprünge, und sie bringt uns wieder ins Gleichgewicht und zum Stehen. Als ich mich herunter beuge, sehe ich einige Blutstropfen an ihrem Fuß, doch sie geht ohne ein Anzeichen von Schmerzen weiter.

Doch irgendwann sehen wir schon von weitem die Feuer des kleinen Dorfes, die uns verheißungsvoll den Weg leuchten, und hören die Hunde anschlagen. Als wir durch die Kakteenhecke in den Kral reiten, kommen die Kinder schon lachend herangelaufen, um uns von den Pferden zu helfen. Die Frauen wickeln uns in bunte Wolldecken, eine dickbusige schwarze Mamma frottiert mir ungefragt und sehr kräftig die Haare. Die Ziegen meckern, die Hunde bellen, es ist ein Willkommenskonzert, das nicht vielstimmiger und fröhlicher sein könnte. Erst als sich die erste Aufregung gelegt hat, kommt der Klanchef aus seiner Rundhütte heraus, um uns zu begrüßen. Wie es in Lesotho Sitte ist, gibt es dazu eine kleine Kalebasse mit hausgemachtem Bier. Man fragt besser nicht, wie es gemacht wird, sondern genießt dieses herrliche Gefühl der inneren Wärme, auch wenn man anschließend husten muss. Wir sitzen am Feuer und essen heißen Gerstenbrei mit Grillwürstchen aus der Dose. Im flackernden Licht springen die Schatten des knisternden Lagerfeuers wie kleine Tiere über die mit herrlichen geometrischen Mustern bemalten roten Lehmwände der Rundhütten. Da tritt die Schamanin in den Kreis. Auf ihrem Kopf thront eine Krone aus Stachelschweinkielen und ihr Gewand ist mit bunten Perlen bestickt. Schwer zu raten, wie alt sie ist, besonders wenn sie beim Lachen ihre herrlichen weißen Zähnen blitzen lässt. Ich bitte sie, sich das Gelenk meiner Stute anzusehen, das inzwischen angeschwollen ist. Mit einer Fackel in der Hand gehen wir in den Kral, den sich die Pferde in der Nacht mit den Merinoschafen teilen. Sie nimmt ein paar Kräuter aus ihrem bestickten Lederbeutel, zerstampft sie und verknetet sie mit Lehm, der auch zum Bauen der Hütten verwendet wird. Sie vermengt alles mit Wasser zu einem Brei, den sie mit Spucke noch sämiger macht und trägt diese Paste auf das Gelenk der Stute auf. Dann lacht sie ein grelles Lachen, das sich an den Felswänden bricht, und ist wieder verschwunden.

Am nächsten Morgen liegt mir das Königreich Lesotho zu Füßen. Das Hochland ist, so weit das Auge reicht, überzogen mit einem Teppich aus pinkfarbenen Blumen, »Cosmos« genannt, und wird von einer Kette imposanter Berge begrenzt, auf denen ewiger Schnee glitzert. Lesotho ist das einzige Land der Welt, das mit seinem gesamtem Staatsgebiet über 1000 m Höhe liegt. Der Thabana Ntlenyana ist mit 3482 m der höchste Berg im südlichen Afrika. Das Leben der Menschen in dieser Region ist sehr hart. Für ihr tägliches Leben haben sie nur das Notwendigste. Ihre Kaschmirziegen geben die feinste Wolle und sorgen für ein geringes Einkommen. Die arbeitsfähigen Männer verdienen das Geld für ihre Familien in den Minen Südafrikas. In diesem Land kann man nur überleben, wenn man sich einen Esel oder Pferde leisten kann. Sie sind die einzigen Transportmittel in einem Königreich, in dem es nur zwei große Straßen gibt. Meine kleine Stute, die ich nur »meine Tapfere« nenne, ist ein Basuto Pony und gehört zu der am weitesten verbreiteten Pferderasse in Afrika. Doch im Hochland von Lesotho musste diese bereits sehr genügsame Rasse noch härter, noch zäher werden, um zu überleben. Sie werden kaum größer als 110 bis 130 cm Stockmaß und verfügen über erstaunlich viel Kraft bei verhältnismäßig geringer Muskulatur. Die Basuto-Rasse geht auf eine Vermischung des Kappferdes mit indonesischen Ponys zurück. Im Jahre 1655 kamen zum ersten Mal Pferde aus Europa ans Kap der Guten Hoffnung, damals ein Stützpunkt der Ostindischen Handelsgesellschaft mit Sitz in Holland und auf der Hälfte des Seeweges nach Indien gelegen. Die ersten Siedler machten es zu ihrem Privileg, englische Vollblüter zu züchten und Rennen zu veranstalten. Man kreuzte genügsame Berber mit orientalischem Vollblut und den Nachkommen der Rennpferde. Es entwickelte sich über die Jahrhunderte hinweg ein robuster Pferdetyp, den man schlichtweg als Kappferde bezeichnete. Vom anderen Ende der Welt kamen auf arabischen oder indischen Handelsschiffen mit Gewürzen und Seide aus Asien Pferde von den indonesischen Inseln wie Zumba und Java. Aus der Kreuzung der Kappferde und dieser Ponys entstand das Basuto Pony. Die Einheimischen erkannten sehr bald die Vorzüge des Pferdes und entwickelten sich zu talentierten Reitern und Züchtern. Das kleine Pferd war bald in die schwarze Kultur integriert und wurde zum Zeichen für Macht und Reichtum eines Fürsten.

Als ich zum Ausgangspunkt meines Rittes, der Malealea Lodge, zurückkehre, ist gerade Markttag. Rings um die Handelsstation herrscht emsiges Treiben. Hunderte von Pferden tragen Proviantsäcke oder Lasten herbei. Vom Stuhl bis zum Sarg kann man hier alles kaufen. Di Jones, die das Trekking Center leitet, wartet schon auf mich und grinst ihr herrliches breites Lächeln. Ihre Eltern waren Engländer, doch sie liebt dieses Land mit all seinen Facetten und lebt seit vielen Jahren hier. Jetzt verstehe ich auch, weshalb.

Der kleine Junge mit seinem Esel ist die Telefonleitung von Malealea. Wenn auf der Handelsstation ein Pferd gebraucht wird, saust er los und verständigt im nächsten Dorf die Führer.

Das Basuto Pony ist eine gelungene Kreuzung zwischen den von Europäern gezüchteten Kap- oder Burenpferden und den indonesischen Ponys von Zumba und Java. Durch die Kreuzung wollte man die Genügsamkeit der Ponys mit der besseren Konstitution der Großpferde verbinden. Mit Erfolg, wie man sieht: Denn schon nach kurzer Zeit begleiten die Fohlen ihre Mütter auf den steinigen Wegen. Es ist erstaunlich, mit welcher Behendigkeit und Vorsicht die jungen Tiere über die Wege turnen.

Das Basuto Pony ist vom Charakter her ein sehr sympathisches Pferdchen, wenn auch nicht gerade eine Schönheit. Seine Leistungsfähigkeit ist grenzenlos; die Hufe sind unverwüstlich und die Sehnen und Bänder derart abgehärtet, dass man selten ein Pferd lahmen sieht.

Die Basutos, ein Bantustamm, der um 1870 gegen die Zulus kämpfte und unterlag, waren begnadete Züchter. Sie flohen mit den Pferden in das unzugängliche Hochland Lesothos. Dort mussten sich Mensch und Pferd neuen und extremen klimatischen Verhältnissen anpassen, um zu überleben.

Wenn es tagelang geregnet hat, ist das Durchqueren des Flusses selbst für die trittsicheren Basuto Ponys schwierig. Man muss sich schon ordentlich am Schweif seines Pferdes festhalten, um den steilen Pfad erklimmen zu können, der aus der Schlucht heraus führt. Die Reiter, denen man hier begegnet, transportieren alle möglichen Güter – von Reissäcken und Hühnern bis hin zu Särgen.

Seit 1991 das Trekking Center Malealea Lodge eingerichtet wurde, setzen die Einheimischen ihren ganzen Ehrgeiz daran, ihre Pferde gut zu pflegen und wohlgenährt vorzustellen. Eine zweite wichtige Einrichtung, das Basuto Zucht Zentrum, wurde 1983 von staatlicher Seite im 55 Kilometer entfernten Molirno Nthuse aufgebaut, um die einheimische Rasse zu kontrollieren und zu erhalten.

Ein Pferd, das einen richtigen Stall hat, ist in Lesotho Luxus. Im Winter liegt Schnee in dieser Gegend, so hat das Pony wenigstens einen trockenen Schlafplatz. In der Regel laufen die Tiere frei in der Landschaft herum und sind dabei an den Vorderfüßen gehobelt. Nachts teilen sie den mit einer Lehmmauer umschlossenen Kral mit den Kaschmirziegen. In jeder Familie hat ein junger Mann die Verantwortung für die Ponys, eine Funktion, die sehr ernst genommen wird, wie der spiegelblank geputzte und wohl genährt aussehende Hengst demonstriert.

Tseliso der Treckführer ist ganz stolz auf sein neues rotes Nylonhalfter. Er hat eine der großen landesüblichen Wolldecken um die Schultern geschlungen.

Die Schamanin, Sangoma genannt, stellt stolz ihren Wallach vor, der sie tapfer bis in die entlegensten Winkel der Berge trägt.

Die geflochtenen Strohhüte sind das Markenzeichen von Lesotho. Sie sind so verarbeitet, dass sich über den Haaren ein Luftpolster bildet und etwas mehr Kühlung verschafft.

Bei diesem Basuto Pony ist der Einfluss der iberischen Pferde ganz deutlich sichtbar: Vom massiven Kopf bis zur hellen Fellfarbe mit den schwarzen Langhaaren.

ANDALUSIER

Spaniens majestätische Pferde - voll Eleganz und Erhabenheit

Schaumgeboren aus den Fluten des Meeres, so stellten sich die alten Griechen die erste Erscheinung des Pferdes vor. Kraft und Anmut, vereint in einem majestätischen Pferdekörper, das ist das Abbild eines barocken Pferdes, wie es in Spanien mit der »Pura Raza Espanola« gezüchtet wird. Über Jahrhunderte hinweg war dieses prächtige Pferd ein Prestigeobjekt für Kaiser und Könige.

In dem malerischen Städtchen Ecija ist der Züchter Miguel Angel Cardenas zu Hause. Seine Pferde mit dem berühmten »Cartujano«-Brand sind über die Grenzen Spaniens hinaus begehrt.

Rechts vor mit knackt es im Gebüsch. Zweige bersten, plötzlich bricht ein großer schwarzer Stier aus dem Dickicht hervor und steht vor mir auf dem Weg. »Gabriela, beweg Dich nicht«, ruft Alvarro mir leise zu. Der »toro« schaut mich an, schwingt leise schnaubend seinen Kopf mit den gewaltigen Hörnern hin und her. Mein Pferd ist ein erfahrenes Tier, das die Arbeit mit den Stieren sehr gut kennt. Aufmerksam, aber ruhig steht es dem Stier gegenüber., eine Ewigkeit, so kommt es mir vor. Dann wendet der Stier sich ab und verschwindet genauso plötzlich wieder, wie er aufgetaucht ist. Für Alvarro Domecq sind solche Begegnungen Alltag, für mich ist es eine Erfahrung der besonderen Art. Erst recht, als er mir erzählt, dass dieser Veteran einer der tapfersten Kampfstiere Spaniens sei. Sein Mut und seine Auftritte in der Arena waren so beeindruckend, dass man ihn begnadigte und er für den Rest seines Lebens in die Freiheit entlassen wurde. Wir reiten weiter über eine Anhöhe mit Korkeichen. An den Rinden der Bäume sieht man die Spuren der Wildschweine, die sich hier den Rücken scheuern. Dann kommen wir in ein herrliches Tal mit hohen braunen Gräsern, das ganz friedlich und still in der Sonne liegt. Über uns kreisen zwei Bussarde am wolkenlosen blauen Himmel. Die Hitze liegt wie eine Glocke über dem Tal, alles ist still, selbst den Vögeln ist es zu heiß. Dort drüben steht eine ganze Herde der schwarzen Rinder, es sind Kühe mit ihren frisch geborenen Kälbern. Vorsicht ist geboten, denn nicht einmal ein wütender Kampfstier ist so gefährlich wie eine Kuh, die ihr Kalb in Gefahr sieht. Daher schlagen wir einen großen Bogen um die Herde, die uns aufmerksamen Blickes verfolgt und ihre Hörner erst wieder senkt, als wir außer Sichtweite sind. Als wir durch das alte Stadttor von Medina Sidonia reiten, empfängt uns die Kühle der engen Gassen mit den weiß gekalkten Wänden und dem unregelmäßigen Kopfsteinpflaster. Das Geklapper der Hufeisen hallt hunderfach von den Wänden der schmalen Gassen wieder. Die Kühle dieser alten Mauern ist eine wohltuende Erfrischung nach der glühenden Hitze des freien Landes. Die alte Stadt liegt auf der Kuppe eines Berges und überblickt weit das Land auf dem die schwarzen Tiere und die weißen Pferde gezüchtet werden. Nicht in Jerez de la Frontera, sondern hier sind wir im Herzen Andalusiens. Gewaltige Holztore, beschlagen mit großen Eisennägeln erzählen von der kriegerischen Vergangenheit, dem Kampf zwischen Mauren und Christen. Wir reiten weiter aufwärts, die Gassen werden enger und die Mauern höher. Dann führt unser Weg auf die Plaza mit dem großen Brunnen, an dem wir unsere Pferde tränken. Verschwitzt tauche ich mein ganzes Gesicht ins Wasserbassin und sehe meinen Stier wieder. Doch diesmal ist es nur eine der wunderschönen Kacheln, mit denen der Boden des Brunnens verziert ist.

Das andalusische Pferd hat wie kaum ein anderes seinen festen Platz in der europäischen Geschichtsschreibung. Spanische Pfere begleiteten Christoph Kolumbus nach Amerika, auf ihrem Rücken eroberten die Konquistadoren die Neue Welt. In den Gemälden von Velasquez und Goya beherrscht das Pferd mit dem edlen Kopf und dem mächtigen barocken Leib die Szene. Päpste, Kaiser, Könige und andere Potentaten ließen sich auf erhaben piaffierenden Hengsten porträtieren. Und immer wieder werden bodenlanger Mähnenbehang und das wunderschöne spanische Auge in den Gemälden hervorgehoben. Die Geschichte der Pferdezucht in Spanien beginnt nicht erst mit der Invasion der Moslems im 8. Jahrhundert. Schon zu Zeiten der Griechen und Römer waren die Pferde der iberischen Halbinsel im ganzen Mittelmeerraum berühmt. Die römischen Geschichtsschreiber Plinius und Vergil geben schon detaillierte Auskunft über das Aussehen des iberischen Pferdes. Wenn man sich den Pferdekopf aus Marmor im römischen Museum von Mérida anschaut, so erkennt man zweifellos den Andalusier wieder. Somit ist das spanische Pferd neben dem Araber eine der ältesten Rassen der Welt. Und ohne Zweifel war die Zufuhr edlen arabischen Blutes während der Jahrhunderte der Maurenherrschaft in Spanien zum Vorteil der Rasse.

Als Elisabeth die Katholische Südspanien zurückeroberte, wurde die Pferdezucht intensiv weiter betrieben. Ganz Europa riss sich um diese Pferde, die zur Veredlung der einheimischen Pferderassen benutzt wurden. Zu Zeiten der spanischen Besetzung der Niederlande (1568 bis 1648) entstand die Rasse der Friesen, die ganz deutlich Temperament und Gangvermögen von den Andalusiern vererbt bekamen. Im 17. Jahrhundert war die Hochblüte der Zucht. Bedeutende Fürstenhöfe Europas rissen sich um die Andalusier, die den Zeitgeschmack hinsichtlich der nationalen Pferdezuchten entscheidend prägten. Als Prunk- und Luxuspferde wurden sie nach Kladrup in der Tschechei, Frederiksborg in Dänemark und nach Neapel in Italien gebracht. In der hippologischen Geschichtsschreibung werden sie dann als Neapolitaner bezeichnet und zu Vorfahren der Lipizzaner. Man gründete in ganz Europa neue Gestüte und Reitakademien mit iberischen Pferden, wie beispielsweise die Spanische Hofreitschule in Wien. Mit der fortschreitenden Industrialisierung und der Verdrängung der Pferdestärke von Straße und Feld erlebte auch die Zucht in Spanien zunächst einen Niedergang. Nur wenige Familien haben ihre Gestüte ununterbrochen weitergeführt und damit zum Erhalt der Rasse bis auf den heutigen Tag beigetragen. Dort, wo die besten Oliven Spaniens wachsen, auf der Hochebene zwischen Cordoba und Sevilla bis hin zu den Weingärten um Jerez, findet man auch heute noch die traditionellen Gestüte. Sie sind von alters her mit den Namen der großen Familien – wie Domecq, Cardenas, Osuna, Escalera, Lovra, Terry usw. – verbunden.

Andalusier bestechen einfach schon durch ihre Erscheinung, doch sie gewinnen die Sympathie der Menschen durch ihren ehrlichen, geradlinigen Charakter und die Belastbarkeit ihres Gemüts. Auf den zahlreichen Ferias in jedem Dorf und in jeder Stadt, die im April und Mai stattfinden, sieht man Knaben temperamentvolle Deckhengste lässig mit einer Hand durch die Menge reiten. Die Feria in Sevilla und die »Feria del Caballo« in Jerez de la Frontera sind die Höhepunkte in jedem Jahr. Ein wichtiger Bestandteil sind die Vorstellungen und Prämierungen der besten Pferde. Drei Tage lang konkurrieren die großen Gestüte miteinander. Die goldene Platte mit nach zu Hause nehmen, ist die höchste Auszeichnung für einen Pferdezüchter. Gleichzeitig finden im »Deposito do Sementales«, dem staatlichen Hengstdepot von Jerez, Prüfungen in der »Doma Vaquera« statt, jener traditionsreichen Form der Gebrauchsreiterei, die aus der täglichen Arbeit mit den Viehherden erwuchs, aber in Andalusien zu einer vollendeten Stilform weiter entwickelt wurde. Während der Feria feiern in den Straßen und Gassen die Menschen: Hunderte von Reitern jeglichen Alters und unterschiedlichster Herkunft promenieren stolz mit ihren prachtvollen Pferden durch die bunte Zeltstadt. Auf kleinen, hinter dem Sattel angebrachten Kissen sitzen bildhübsche Frauen in ihren bunten Flamencokleidern, deren Röcke in Rüschen und Spitzen über die Kuppe der Pferde fallen. Alle großen Familien haben ihre eigenen Zelte, »casetas« genannt, in denen Freunde und Bekannte bewirtet werden. Man promeniert durch die Alleen und trifft Freunde, die einmal im Jahr aus aller Welt anreisen, um in diese einzigartige Atmosphäre Andalusiens einzutauchen. Denn die Pferde, die Kutschen, der Flamenco und der in Strömen fließende Fino – ein trockener Sherry – dazu die gleißende Sonne, lassen die Ferias zu einem Rausch der Sinnes- und Lebensfreude werden, wie dies nur im Süden Europas möglich ist.

Bei der täglichen Feldarbeit der »vaqueros«, der Rinderhirten, sind die spanischen Pferde seit Jahrhunderten unverzichtbare Partner.

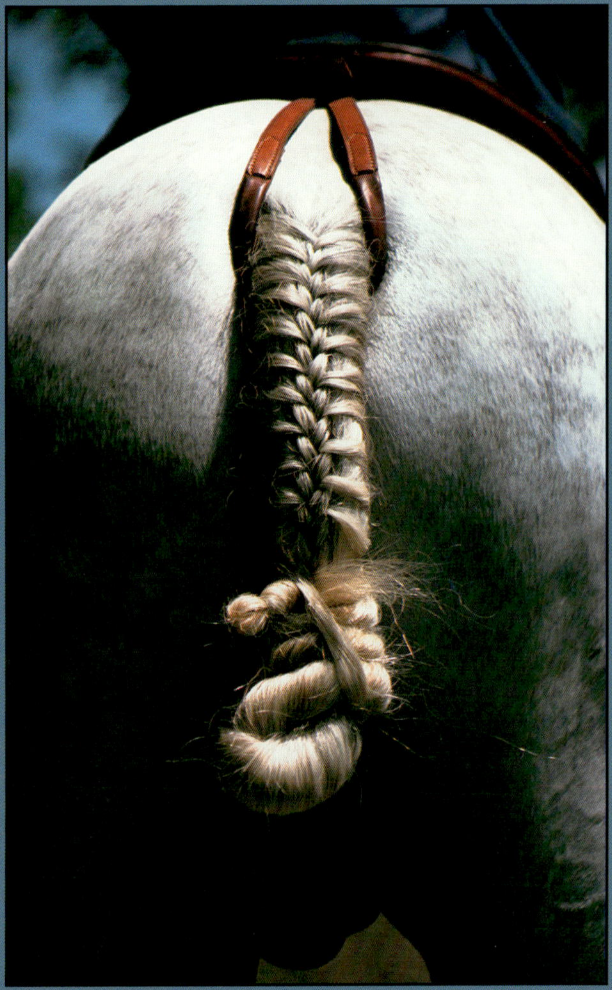

Die verschiedenen Details der Aufzäumung und der Vorbereitung eines Pferdes, bis hin zum kunstvollen Flechten und Wickeln des Schweif, der nur geknotet sein darf, erfordern fachmännisches Wissen und Übung.

Das spanische Pferd hat wie kein anderes seinen festen Platz in der europäischen Geschichtsschreibung. Höfischer Glanz und Pomp in unvorstellbarem Maße wurden um das Pferd herum entfaltet, Pferdezucht war eine staatstragende Aufgabe. In den Hofreitschulen - wie hier beim Sommersitz der spanischen Könige in Aranjuez - zelebrierte man die hohe Kunst der Reiterei und des höfischen Lebens

Großes Auge, lebhaftes Temperament: Geborgen im massiven Brauenbogen, umrandet von dichten langen Wimpern, wach und doch von ruhiger dunkler Klarheit, so lässt sich das Auge eines echten Spanischen Pferdes beschreiben.

Die Pferde des Gestüts »Las Lumbreras«, das sich bereits seit 1802 im Besitz der Familie Delgado befindet, sind berühmt für ihre barocke Schönheit und ihr Temperament. Unverwechselbar und einzigartig sind die Bewegungen, etwa bei der erhaben versammelten Galoppade, die der Hengst mit wehender Mähne und kraftvoll gebogenem Hals reitet. Das Geheimnis dieser Rasse liegt in ihrer Ausgeglichenheit, ihre eindrucksvollen Ausstrahlung und ihrer energiegeladenen Leistungsbereitschaft.

Andalusien und seine Traditionen lernt man am besten dort kennen, wo die Menschen feiern. Anlässe zum Feiern gibt es immer. Jeder Gast, der ein solches Fest erlebt, wird schnell in eine Art Rausch versetzt, einen Rausch der Schönheit und der Farben, der Musik und des Tanzes. Selbstverständlich fließt auch der Sherry, der in Jerez seine Heimat hat, in Strömen. Bei den Einheimischen erhöht er die Feierstimmung, manchen Fremden bringt er um die Fassung. Die schönsten andalusischen Feste sind die »ferias«. Ursprünglich als Pferdemessen vor allem wirtschaftlichen Interessen dienend, sind sie heute ein großartiges Spektakel, ein Jahrmarkt der Eitelkeiten, der sich an jedem Ort nach ganz eigenen kühnen Gesetzmäßigkeiten selbst inszeniert. Gerade hier spürt man die Seele Andalusiens und die besondere Liebe der Menschen zu ihren Pferden, die bei den »ferias« eine Hauptrolle übernehmen.

Eine der stimmungsvollsten »ferias« weit und breit ist die Feria del Caballo in Jerez de la Frontera, die im Mai eines jeden Jahres stattfindet. Jede angesehene Familie lässt Jahr für Jahr eine »caseta« aufbauen, ein elegantes Festzelt als Treffpunkt für die Familie, für Freunde und Gäste. Grosse Clans besitzen sogar Häuser, die den Rest des Jahres leer stehen und nur während der »feria« benutzt werden. Sehen und gesehen werden - das ist hier die Devise. Die Männer tragen die klassische Reitkleidung des »caballeros« - weiße Rüschenhemden zur kurzen Jacke und schmalen Hose und, vor allem, den flachen, breitkrempigen Hut. Die stolzen Andalusierinnenzeigen sich in ihren vielfarbigen Kleidern mit den charakteristischen, voluminösen Rüschen. Nur ein gutes Gleichgewichtsgefühl und der feste Griff um die Taille des Reiters bewahren sie vorm Hinunterfallen.

Alljährlich im Mai findet in der Arena von Sevilla der große Kutschenkorso statt. Nirgendwo sonst kann man eine so breite und vielgestaltige Palette von Kutschen, Pferden und Anspannungen erleben: Ein Einspänner mit Pony, chauffiert von einem stolzen spanischen Knaben, gehört ebenso dazu wie ein prachtvoller Achterzug, den das Militärgestüt von Jerez mit seinen Deckhengsten stellt. In den vergangenen Jahren wurde auch die alte Tradition der Muligespanne neu belebt, die genauso liebevoll und bunt aufgezäumt werden wie die Pferde. Zum Korso sind alle Tribünen bis auf den letzten Platz gefüllt, schon Wochen vorher sind alle Karten ausverkauft. Es gibt wohl keinen anderen Ort auf der Welt, an dem die Fahrkultur mit solcher Pracht und solcher Traditionsverbundenheit präsentiert wird wie hier in Sevilla.

Wenn es dunkel wird, verstummen mehr und mehr die lebenslustigen Klänge der Sevillanas, und durch die laue Nacht tönen die Gitarren der »gitanos«. Die Lieder der Zigeuner klingen melancholisch und wehklagend. Die Tänzer in ihren kunstvoll bestickten Stiefeln mit verzierten silbernen Sporen und eisenbeschlagenen Absätzen trommeln auf den hölzernen Tanzboden der Zelte zur dramatischen Musik des Flamencos. Es kling fremd und lässt doch niemanden unberührt. Auch der Fremde wird mit hineingezogen in den Strudel großer Gefühle, die hier besungen, getanzt und gelebt werden. Es ist ein einzigartiges Erlebnis, ein Schmelztiegel brodelnder Emotionalität und Leidenschaft.

Jede »feria« ist ein Fest der Farben und ein Kaleidoskop unzähliger liebevoll hergerichteter Details, die sich zu einem faszinierend schillerndenGesamtbild zusammenfügen. Jedes einzelne Detail hat Tradition und erzählt - seine Geschichte und die Geschichte einer bis heute ungebrochenen Passion, mit der die Menschen in Andalusien ihr außergewöhnliches Erbe lebendig halten. Steht die »feria« an, holen die Kutscher »espolainas« aus dem Schrank, die kunstvoll verziert und ursprünglich zum Schutz von Beinkleid und Schuh gedacht waren. Das Zaumzeug der Pferde wird mit zahlreichen farbigen Bommeln, sogenannten borlas, geschmückt. Bunte Bänder aus Wolle oder Seide werden in die Mähnen und in den Schweif der Tiere eingeflochten. Die »Vaquero«-Reiter ziehen zur Feier des Festes ihre kurzen bestickten Westen an, die Kutscher ihre »catite« genannten schwarzen Hüte mit den farbigen Kopftüchern darunter. Und wo immer möglich, gemalt oder gestickt, werden die Wappen der stolzen andalusischen Familien zur Schau gestellt. Denn auch um Sehen und Gesehen werden geht es bei einer »feria«, und darin unterscheidet sie sich wenig von anderen Festen irgendwo auf der Welt.

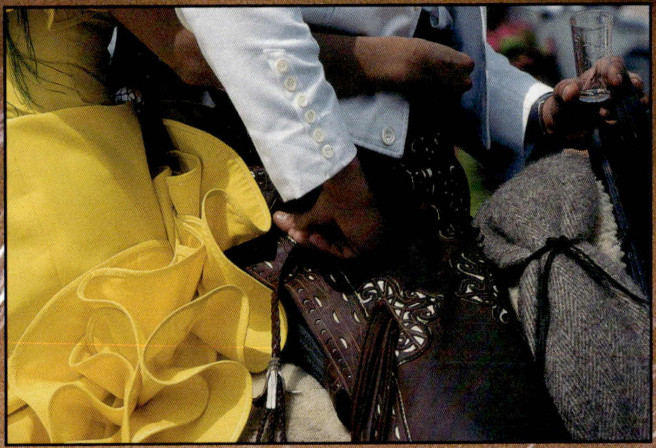

Viele der braunen Linien, die es heute in der modernen Zucht gibt, gehen auf das Gestüt Escalera in »Fuente de Andalucia« zurück. Das Gestüt besteht schon seit zweihundert Jahren. Eine der wenigen Züchterinnen in Spanien, Señora Maria Fernanda Escalera de Escalera, achtet hier besonders auf einen korrekten Körperbau und den raumgreifenden Vorwärtstritt der Pferde. Ihre Stutenlinie »Doctora« ist in ganz Spanien berühmt. Mehr und mehr verwendet man ihre Pferde nicht nur in der klassischen Dressur der Hohen Schule, sondern auch im modernen Dressursport.

Die Familie Guardiola züchtet Pferde und Kampfstiere. Andalusier, die aus dieser Zucht hervorgehen, verfügen über einen besonderen Instinkt im Umgang mit den schwarzen »toros«, denn sie wachsen gemeinsam mit ihnen auf den riesigen Ländereien auf. Jeder Hengst wird in der traditionellen »vaquero«-Reitweise ausgebildet, und sie zeichnen sich besonders durch ihre athletische Muskulatur und die Willigkeit unter dem Reiter aus.

Die jungen Hengste auf dem Gestüt Lovera bei Ecija führen in einer großen Herde ein herrliches Leben. Sie toben mit Gleichaltrigen herum und messen ihre Kräfte. Ganz langsam erst wird das bei der Geburt dunkle Fellkleid heller. Selbst bei dem vierjährigen Hengst Lovera, der voller Energie buckelt und seine Lebensfreude ausdrückt, hat das Fell sich erst spät zu verfärben begonnen. Auch die Mähne wird sich noch aufhellen. Schneeweiß sind die andalusischen Pferde in der Regel erst mit acht bis zehn Jahren.

Die Fohlen werden meist im Frühjahr, vor der großen Hitze, geboren und bleiben bis in den Herbst bei den Müttern. Die nächsten Jahre verbringen sie auf riesigen Ländereien, in Wäldern von Korkeichen oder in einem Meer von Mohnblumen. Bürsten sehen die Jährlingsstuten zum ersten Mal, wenn sie für das große »campionato« hergerichtet werden, das jedes Jahr im November in Sevilla stattfindet. Dann rasiert man ihnen die Schweifrübe und schert die Mähne zu einem aufrecht stehenden Mähnenkamm. Damit folgt man einer alten Tradition. Ohne die Rasur würden die Stuten eine ebenso imposante Mähne bekommen wie die Hengste.

Das Gestüt von Miguel Angel Cardenas ist berühmt für typvolle Hengste wie »Valido« und »Torbellino«, die die spanische Zucht in den letzten Jahrzehnten maßgeblich beeinflusst hat. Die Erhabenheit der Aufrichtung und die hohe Aktion des Schrittes lassen erahnen, warum andalusische Pferde an den europäischen Fürstenhöfen begehrter waren als Juwelen und Diamanten.

Früher blieben die Stuten und Fohlen das ganze Jahr draußen, sie waren glühender Hitze genauso ausgeliefert wie dem kalten Winterregen. Diesen Bedingungen verdankt die Rasse ihre Härte und Widerstandskraft.

Stuten werden selten geritten. Auf Zuchtschauen stellt man sie einzeln an der Hand oder in der Gruppe vor. Dabei werden sie nur an einem Halsriemen miteinander verbunden, wie die imposante Cobra von fünf Stuten aus dem Gestüt Cardenas demonstriert. Man kann bis zu 20 Pferde auf diese Weise verbinden, die sich dann sehr leicht um einen Mann herum im Kreis führen lassen.

Unter der »Hohen Schule« versteht man die klassische Reitkunst in ihrer höchsten Vollendung, wie sie heute noch an der Hofreitschule von Jerez de la Frontera, der Spanischen Hofreitschule in Wien, beim Cadre Noir in Saumur und bei der portugiesischen Hofreitschule geritten wird. Ihre Lektionen gehen auf die Anforderungen zurück, die die Kriegsreiterei diktierte. Kapriole, Courbette, Pirouette und Levade sind Figuren, die auch immer wieder in alten Stichen und Gemälden dargestellt werden. Gerade die spanische Rasse ist für die Lektionen der Klassischen Reitkunst mit Bedacht gezüchtet worden und verkörpert auch heute noch das Ideal des barocken Pferdes. Die gezeigte Kapriole gilt innerhalb der klassischen Reitkunst als einer der schwierigsten Sprünge. Sie kann nur ausgeführt werden von Pferden mit einer gut ausgebildeten Muskulatur der Hinterhand.

Die Arbeit mit den Stieren ist für den Reiter ebenso gefährlich wie für sein Pferd. Wenn die Jungtiere markiert werden müssen, treibt man sie von den Weiden in einen großen Korral. Mit langen Stangen, die eine Art verlängerten Arm darstellen, dirigieren die »Vaqueros« die Rinder in die richtige Richtung und schützen sich und ihr Pferd so vor einem möglichen Angriff.

Andalusien ist anders. Wer in den Süden Spaniens reist, erlebt ein Land der Extreme, das geprägt ist durch Jahrhunderte alte Gegensätze. Er taucht ein in eine Welt der großen Gefühle und der Leidenschaften, in eine magische Landschaft, die zu begreifen Faszination und Herausforderung gleichermaßen bedeutet. Hier entwickelte sich ein außergewöhnliches Pferd, das auf der ganzen Welt seinesgleichen sucht.

CRIOLLO

Halbwilde Pferde im Dienst der Gauchos

Sie sind zu Hause in der endlosen Weite der argentinischen Pampa, in diesem wogenden grünen Meer aus Gras. Aber auch in den Gebirgszügen der Anden und den vegetationsarmen Steinwüsten Feuerlands sind sie heimisch geworden.

Die Arbeit der argentinischen Gauchos ist hart und erfordert den ganzen körperlichen Einsatz im Umgang mit den Pferden und den Rindern.

Der Wind der Pampa singt, er pfeift durch die Gräser und nimmt die Worte weg vom Mund, kaum dass sie ausgesprochen sind. Der Klang des Wortes erreicht noch nicht einmal das Ohr. Daher hört man auch nicht, wenn sie kommen. Man fühlt es nur. Denn unter Spitzen der Stiefel fängt die Erde leicht an zu vibrieren. Dann spürt man das Beben unter der ganzen Stiefelsohle. Das Auge sucht fragend den Horizont ab. Dann eine Staubwolke, nicht mehr, über diesem Meer aus Gras. Und dann geht alles sehr schnell. Das Beben wird von einem Donnern begleitet, das schneller als ein Gewitter heranstürmt. Die Staubwolke bricht auf und Schemen werden sichtbar, eine Wand von Körpern mit auf- und abtanzenden Pferdeköpfen und fliegenden Mähnen. Plötzlich ist man mitten drin in dieser Wolke aus Staub und Donner. Manche Pferde scheuen zurück, brechen nach links und rechts aus, die Herde teilt sich vor mir und schließt mich ein in Sekunden des Schreckens.

Habe ich zu viel gewagt, zu viel vertraut auf den Instinkt der Tiere, die niemals einen Menschen zertrampeln würden? Oder vielleicht doch? Es bleibt keine Zeit mehr zum Denken. Ich drücke auf den Auslöser meiner Kamera, schieße einfach hinein in diese Masse Pferd. Noch bevor ich zur zweiten Kamera greifen kann, ist der Spuk schon vorbei, ist die Herde vorüber. Ich drehe mich um und sehe sie genauso schnell verschwinden in diesem grünen Meer der Endlosigkeit, wie sie gekommen ist. Als letztes kommen die Gauchos vorbei, ihre Rufe hallen hinter der Herde her. Es fliegen ein paar Scherzworte zu mir herüber, ob denn die Herde von 500 Pferden groß genug gewesen sei für die »Gringa«. Sie hatten es bis zuletzt bezweifelt. Ich bleibe allein zurück, voller Staub, eigentlich sehe ich überhaupt nichts mehr, und meine Kamera braucht ebenfalls dringend eine gründliche Reinigung.

Das kreolische Pferd in Lateinamerika stammt von den verwilderten Pferden ab, die im argentinischen Grasland, der Pampa, heimisch geworden waren. Sie sind Nachfahren jener Tiere, die spanische Eroberer und Siedler auf ihren Schiffen von Europa nach Südamerika mitgebracht hatten. Den Grundstock legte 1536 wohl Pedro de Mendoza, der Gründer von Buenos Aires, der historischen Dokumenten zufolge hundert spanische Pferde nach Argentinien brachte. Fünf Jahre später bei der Zerstörung der Stadt durch die Indios konnten viele Pferde in die Pampa entkommen, wo sie sich rasch vermehrten und sich mit den klimatischen Gegebenheiten arrangierten. Von Land zu Land variiert der Name der Rasse: Criollo in Argentinien, Crioulo in Brasilien, Costeno oder Morochuco in Peru, Corralero in Chile und Llanero in Venezuela. Der genetische Pool dieser Tiere ist sehr vielfältig und reicht vom barocken Andalusier über Berber- und Araberahnen bis hin zu galizischen Bergponies und kräftigen Arbeitspferden mit viel fränkischem Kaltblutanteil. Dank moderner Gentechnik hat man sogar den Anteil des Sorraiapferdes – des spanischen Urpferdes – nachweisen können. Aus dieser Rassenvermischung überlebten nur die widerstandsfähigsten und kräftigsten Pferde, die darüber hinaus noch über untrügliche Instinkte für alle Gefahren verfügten. Sie etablierten den Grundtyp des Criollo mit all seinen Vorzügen, so wie er bis heute in Südamerika anzutreffen ist. Ende des 19. Jahrhunderts bewirkte die Einführung von europäischen und nordamerikanischen Hengsten eine Degeneration der Rasse. Eine rigorose Auswahl, getroffen von einigen wenigen interessierten Züchtern, führte zum Erhalt der Rasse, die 1918 im argentischen Stutbuch registriert wurde. Die natürliche und zuweilen grausame Selektion hat ein unverwüstliches Pferd entstehen, das in der Welt kaum seinesgleichen findet. Es ist harten Strapazen gewachsen und kann mit minimalen Wassermengen und

Futterrationen überleben. In einzigartiger Weise demonstriert haben das zwei Criollos, die innerhalb von zweieinhalb Jahren eine Strecke von 16.090 Kilometern zurücklegten. Professor Aimé-Félix Tschiffely ritt 1925 mit seinen Pferden Mancha und Gato, 15 und 16 Jahre alt, von Buenos Aires nach Washington DC, um Criollos in Amerika bekannt zu machen. Die beiden Pferde, die während ihrer Tour für großes Aufsehen gesorgt hatten, kehrten gemeinsam in ihre Heimat zurück und wurden dort uralt, Gato 36 und Mancha 40 Jahre. Unter Criollo-Züchtern sind Ausdauerwettbewerbe sehr beliebt, bei denen die Pferde Distanzen von 750 km in 14 Tagen zurükklegen müssen. Die Genügsamkeit und enorme Resistenz gegenüber äußeren Einflüssen will man auch weiterhin in der Rasse erhalten wissen, ohne jedoch die natürliche Wildheit der Criollos, ihren Instinkt, zu sehr zu domestizieren. Der Criollo ist ein hartes Arbeitspferd, das nach getaner Arbeit in die Freiheit entlassen wird, zurück zu seiner Herde.

Ich habe selten ein so trittsicheres und furchtloses Pferd geritten wie einen Criollo. Und ich würde mich immer wieder blind auf ein solches Pferd verlassen, seit einem Erlebnis, das mich, vor einigen Jahren, nachhaltig geprägt hat: Wie jedes Jahr wurden die Absatzfohlen begutachtet und mit dem Zucht-Brand versehen. Dazu mussten die Pferde mit dem Lasso gefangen und niedergeworfen werden. Die Arbeit war mühsam, es gab viele blaue Flecken und viel Spott für den Gaucho, der eines der Fohlen entkommen ließ. Die Arbeit zog sich länger hin als geplant, aber die Herde musste noch am gleichen Abend in den Korral der Estancia »La Bamba« getrieben werden. Da zwei Gauchos sich beim Brennen verletzt hatten, bat man mich zu helfen, die Herde nach Hause zu bringen. Ich schwang mich zum ersten Mal in meinem Leben in einen »recado« , einen Gauchosattel. Die Herde kannte den Weg und setzte sich in Bewegung. Ich hatte alle Mühe mitzuhalten und mich an den Sattel und den flachen Galopp meines Criollos zu gewöhnen. Bis zum Fluss ging alles gut, dann brach urplötzlich die Nacht herein und nur eine ganz feine Mondsichel erschien am Horizont. Es war schlagartig so finster, dass selbst die Ohren meines Pferdes fast nicht mehr zu erkennen waren. Meine Angst wich einer fatalistischen Gelassenheit. Die Zügel hielt ich praktisch nur als Zierde in meiner Hand. Ab und zu kam die rauhe Stimme des Vorarbeiters Miguel aus dem Dunkeln, der mir etwas Aufmunterndes in Spanisch zurief, das ich nicht verstand. Aber seine Stimme zu hören, tat gut. Sehen konnte ich fast nichts, aber ich spürte den Herzschlag meines Pferdes an meinem Bein, die Wärme seines Körpers schloß meinen Körper ein und der Geruch seines Schweißes vermischte sich in meiner Nase mit dem Staub, den die Herde vor uns aufwirbelte. Wir glitten dahin wie in einem schwarzen Ozean und schoben eine Welle wogender Leiber vor uns her. Nach einer halben Ewigkeit tauchten in der Ferne die Lichter der Estancia auf. Sie erschienen mir so verheißungsvoll wie für einen Schiffbrüchigen das Feuer eines Leuchtturms, das er vom Meer her ausmachen kann. Ein Gatter öffnete sich quietschend und ließ die heranbrausende Herde hinein, laute Rufe, Pfiffe und das Knallen der langen Lederpeitschen brachten die Herde in kürzester Zeit zum Stillstand. Als sich das Gatter schloss, glitt ich aus dem Sattel und konnte kaum auf meinen schlotternden Beinen stehen. Miguel schlug mir freundschaftlich auf die Schulter. Erst im fahlen Licht der Stalllaterne kam ich wieder zu mir. Jemand reichte mir ein Glas Rotwein und noch eins und noch eins. In dieser Nacht schlief ich wie tot – und fragte mich am nächsten Morgen beim Aufwachen, ob nicht vielleicht alles nur ein Film gewesen war.

Criollos sind eine der härtesten und widerstandsfähigsten Rassen der Welt. Ihre wundervollen Augen erzählen von der verlorenen Freiheit.

Besonders in den Überschwemmungsgebieten der argentinische Provinz Corrientes, die im Westen und im Osten von zwei grossen Flüssen begrenzt wird, müssen sich die Pferde und die Rinder schwimmend fortbewegen, denn der »Wasser-Weg« stellt oft die einzige Möglichkeit des Fortkommens dar.

Argentinien – Land mit 55 Millionen Kühen, zwei Millionen Pferden und rund 150.000 Gauchos. Diese Männer verrichten heute noch die gleiche (Knochen-) Arbeit wie schon ihre Großväter – und leben nach den gleichen, unumstößlichen Regeln. Die Gauchos gelten in Argentinien als Nationalhelden, als Kämpfer für die Freiheit, als Ritter der Pampa, die Verfolgten helfen und selbst lange genug von Vorurteilen verfolgt wurden. Sie sind Sänger und Dichter am Lagerfeuer in einer kalten Nacht. Sie sind unerschütterlich in ihrer Freundschaft und unerbittlich in ihrer Feindschaft, wenn man sie in ihrer Ehre gekränkt hat. Der Ehrenkodex der Gauchos ist das moralische Rückgrat einer ganzen Nation.

Die Gauchos tragen antike Ponchos, die normalerweise nur im Museum zu besichtigen sind. Auch die Silberteile des Zaumzeugs und die Sporen sind historische Stücke, die im ganzen Land zusammengetragen wurden, um der »Escuela del arte equestre« für ihre Vorführung authentisches Material zur Verfügung zu stellen.

Auf der Estancia Villamaria bereitet eine Gruppe von Gauchos der »Escuela« eine Vorführung vor. Die Pferde werden sorgfältig zurecht gemacht. Auch die Gauchos haben ihre traditionelle Festtagskleidung angelegt.

Die tägliche Arbeit der Gauchos ist dagegen weniger glamourös. Pablo ist wahrscheinlich weit mehr als 90 Jahre alt und hat bestimmt hunderttausend Stunden oder mehr im Sattel verbracht. Er kann kaum noch laufen, doch er reitet täglich die Herden ab und kontrolliert, ob der Puma eines der jungen Fohlen gerissen hat.

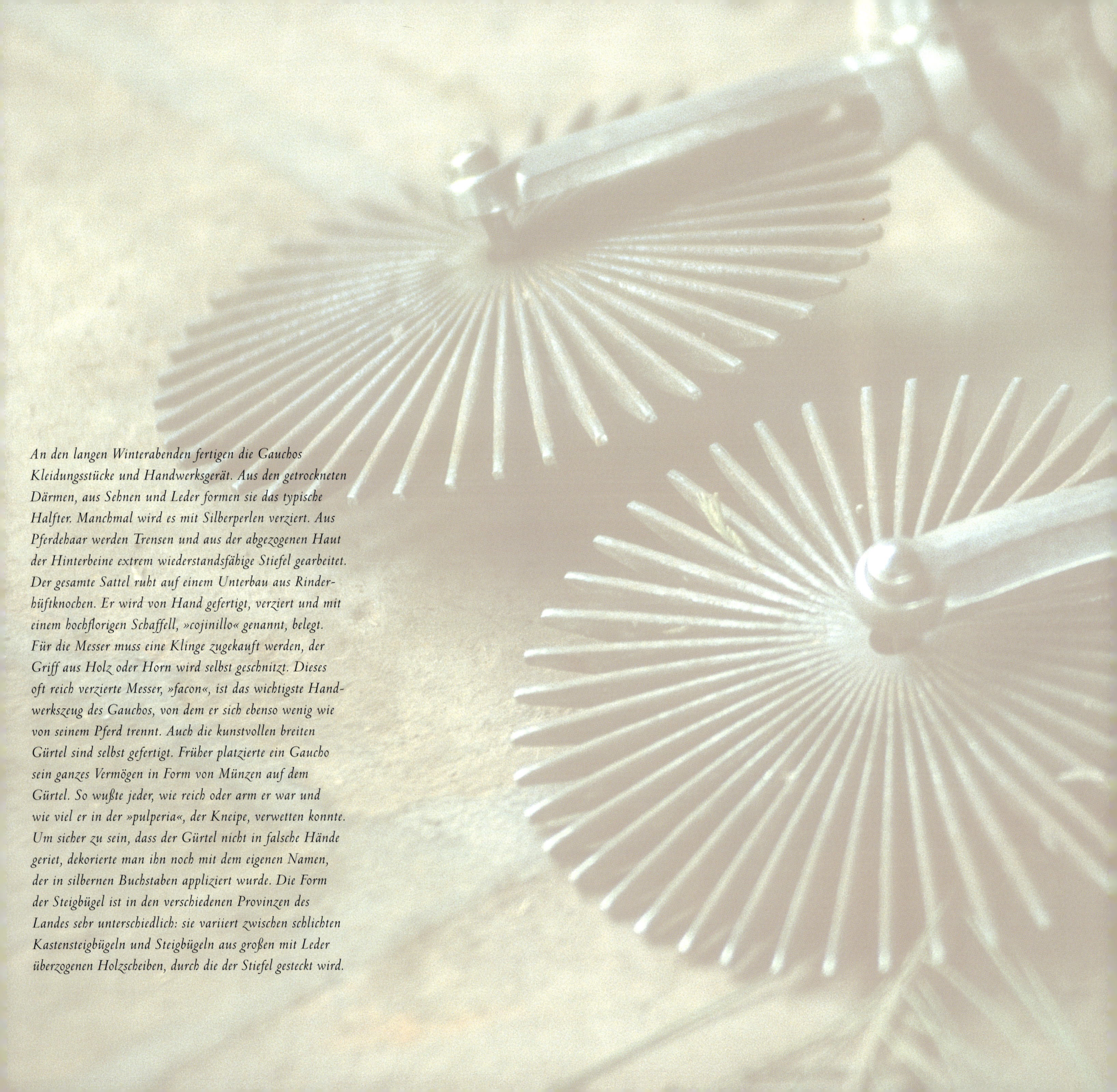

An den langen Winterabenden fertigen die Gauchos Kleidungsstücke und Handwerksgerät. Aus den getrockneten Därmen, aus Sehnen und Leder formen sie das typische Halfter. Manchmal wird es mit Silberperlen verziert. Aus Pferdehaar werden Trensen und aus der abgezogenen Haut der Hinterbeine extrem wiederstandsfähige Stiefel gearbeitet. Der gesamte Sattel ruht auf einem Unterbau aus Rinderhüftknochen. Er wird von Hand gefertigt, verziert und mit einem hochflorigen Schaffell, »cojinillo« genannt, belegt. Für die Messer muss eine Klinge zugekauft werden, der Griff aus Holz oder Horn wird selbst geschnitzt. Dieses oft reich verzierte Messer, »facon«, ist das wichtigste Handwerkszeug des Gauchos, von dem er sich ebenso wenig wie von seinem Pferd trennt. Auch die kunstvollen breiten Gürtel sind selbst gefertigt. Früher platzierte ein Gaucho sein ganzes Vermögen in Form von Münzen auf dem Gürtel. So wußte jeder, wie reich oder arm er war und wie viel er in der »pulperia«, der Kneipe, verwetten konnte. Um sicher zu sein, dass der Gürtel nicht in falsche Hände geriet, dekorierte man ihn noch mit dem eigenen Namen, der in silbernen Buchstaben appliziert wurde. Die Form der Steigbügel ist in den verschiedenen Provinzen des Landes sehr unterschiedlich: sie variiert zwischen schlichten Kastensteigbügeln und Steigbügeln aus großen mit Leder überzogenen Holzscheiben, durch die der Stiefel gesteckt wird.

JUAN SEGO

Der »domador« ist ein auf jedem Gestüt hochgeschätzter Mann, der seine Knochen – und sein Leben – beim Zureiten der Pferde riskiert. Häufig hat er Indioblut in den Adern und das besondere Gefühl für Pferde, das wir heute gern den sogenannten Pferdeflüsterern zuschreiben. Es gibt verschiedene Arten, die Pferde einzureiten. In der baumlosen Pampa besorgt man sich einen Stamm, der in die Erde eingegraben wird, den »palenque«. Hier kann man, so sie es zulassen, die Tiere anbinden, um sie zu satteln. Oft bindet man junge Pferde auch mit erfahrenen Pferden zusammen. Dann lernen sie sozusagen im Gleichschritt alle Lektionen des Gehorsams.

Die Gauchos lieben die Unbändigkeit und Wildheit der Hengste, denn sie lieben die Freiheit ebenso wie ein gefangenes Pferd im Korral und sind glücklich, wenn sie im Sattel die endlose Weite der Landschaft durchstreifen. Kommt es zu einer Auseinandersetzung zwischen zwei Hengsten, die ihre Stutenherde verteidigen, dann lassen die Gauchos es zu und feuern die Tiere an. Der Sieger bekommt die ganze Herde und der Verlierer wird kastriert.

Das Lasso ist das wohl wichtigste Hilfsmittel jedes Rinderhirten. In Argentinien wird es oft aus Hanfseil, aus Därmen oder Sehnen gedreht. In jedem Fall hat es ine enorme Reißfestigkeit. Die Kunst, mit den Lasso umzugehen, lernt man in Argentinien schon von Kindesbeinen an.

In der Weite der Pampa gibt es zahlreiche Wasserlöcher, die die Einheimischen »ocho de aqua« nennen, Augen des Wassers. Hierher kommen allabendlich die Herden zum Trinken und genießen es, gleichzeitig ein Bad zu nehmen.

Die Gauchos arbeiten beim Einreiten mit dem Überraschungseffekt Da die jungen Pferde, denen vorher die Augen verbunden wurden, noch niemals zuvor einen Sattel gefühlt haben, wissen sie auch nicht, was sie erwartet, und bleiben erst einmal stocksteif stehen. Sobald der Reiter auf dem Rücken sitzt, wird dem Tier die Augenbinde abgenommen. Es findet sich in einer für ihn völlig unvertrauten Situation wieder. Verzweifelt versucht er, die Last auf seinem Rücken abzuschütteln und buckelt aus Leibeskräften. Doch der Reiter bearbeitet ihn so lange mit der Peitsche, bis das Pferd losläuft. Dieses Rennen löst die Verkrampfung, es rennt, bis es nicht mehr weiter kann. Das ist der Moment, an dem die meisten Pferde aufgeben und sich unterordnen. Ziemlich friedlich kehren Ross und Reiter dann zurück. Manchmal allerdings kommt der »domador« auch allein zurück. Auf diese erste harte Lektion folgen viele weitere, bis aus dem Tier ein richtiger Criollo geworden ist.

Bei den Criollos ist eine ungeheure Vielfalt an Fellfarben anzutreffen, die aus anderen »Kulturrassen« schon längst herausgezüchtet wurden. Es gibt mehr als siebzig offizielle Fellfarben und Färbungen, die auch in das Stutbuch eingetragen werden. Die vielfarbige Herde mit Isabellen, Schecken, Mausgrauen und Cremellos vermittelt einen Begriff von der Urwüchsigkeit und Vielfalt der legendären Gaucho-Pferde.

MARWARI

Indiens unerschrockene Pferde

Seit 2000 Jahren werden in Rajasthan Pferde gezüchtet. Die Chanan-Nomaden zogen mit ihren Herden durch die Wüsten und Steppen des indischen Kontinents und züchteten für ihre Fürsten ein Pferd, das berühmt wurde für seine Tapferkeit -und für seine markanten Ohren.

Wir stehen mitten in einem pittoresken Innenhof, dessen Wände mit Stuckornamenten und bunten Malereien kunstvoll verziert sind. Ein gewaltiges Holztor, das den Hof nach außen abriegelt, zeigt von oben bis unten kostbare Schnitzereien. Der Hof gehört zu »Rohet Garden«, einer kleinen Sommerresidenz der lokalen Fürstenfamilie, auf der sie ihre Zuchtpferde hält. Laute Geschäftigkeit herrscht hier trotz der frühen Stunde: In bunte Stoffe gekleidete Bauersfrauen schaffen in großen Krügen, die sie anmutig auf ihren Köpfen balancieren, Wasser vom See herbei. Dabei wird gekichert und gelacht über die fremde Frau mit ihren Reithosen und den Stiefeln. Der Wasserbüffel bekommt eine große Heugabel frisches Futter, das von einem hochrädrigen Ochsengespann abgeladen wird. Die Tochter des Maharadschas schaut aus ihrem Fenster und lässt sich das Treiben nicht entgehen. Und mittendrin stehen unsere Pferde, schon fertig gesattelt, gehalten von Männern mit großen Turbanen in Gelb und Orange mit imposanten Schnurrbärten. Diese Welt ist faszinierend anders – voller Farben, schillernd exotisch und unwiderstehlich.

Die Tochter des Maharadschas blickt aus ihrem Fenster auf das bunte Treiben im Innenhof des Anwesens.

In den nächsten Tagen und Wochen wird mich mein Pferd durch diese fremde Welt begleiten, durch saubere kleine Lehmdörfer, durch wüstenartige Steppe und hinauf in die Bergregion des Mewar mit seinen kühlen Wäldern und den Palästen, die wie Adlernester in den Bergen thronen. Es wird mich von seinen Vorzügen überzeugen, langsam aber sicher, und ich werde vielen Menschen begegnen, die mir mehr über dieses Pferd erzählen werden, als in irgendeinem Buch steht. Und irgendwann ist dann auch der Moment gekommen, von dem ich schon vor Beginn dieser Reise geträumt habe: Es juckt mich in den Fingern. Ganz vorsichtig strecke ich meine Hand aus und berühre sanft den zarten Rand, streiche an der Kante entlang und reibe achtsam das sichelförmig gebogene Ohr zwischen Daumen und Zeigefinger. Endlich bin ich überzeugt. Diese besondere Form wird nicht von Menschenhand gemacht, sondern ist von Gott gegeben. Ich werde noch Gelegenheit genug haben, mir die verschiedenen Formen und die Variationen der Ohren anzusehen, denn sie werden noch lange vor meinen Augen hertanzen.

Kaum eine andere Pferderasse der Welt wird aufgrund mangelnder Information so falsch beurteilt wie das Marwaripferd. Es sind nicht nur einfach die Pferde aus Indien mit den komischen Ohren. Die wenigen wirklich guten Marwaripferde, die es noch gibt, sind das Ende einer langen tradtitionsreichen Zucht von hochqualifizierten und perfekt ausgebildeten Kriegspferden, die man auf die gleiche Stufe mit den im Mittelalter in Europa gezüchteten Rassen, wie den Lipizzanern und den Andalusiern, stellen kann. Die Hohe Schule der Reiterei mit Kapriole und Courbette wurde auch in Indien gelehrt, nur mit anderen Namen. Schon vor mehr als 2500 Jahren waren Pferde ein wichtiger Bestandteil des Lebens in Indien. Man hat Knochen von Pferden gefunden, die rituell mit ihren Herren begraben wurden. Handelsaufzeichnungen belegen, dass Pferde an die Armee des Perserkönigs Dareios verkauft wurden, als er 333 v. Chr. gegen Alexander den Großen zog. Gute Pferde waren eines der wichtigsten Exportgüter Indiens von der Antike bis zum Beginn unseres Jahrhunderts. Besondere Pferde wurden mit Juwelen geschmückt und mit den saftigsten Datteln aus dem Garten der Fürsten gefüttert. Die Frauen des Herrscherhauses besuchten die Pferde ihres Herrn, um sie zu salben und zu segnen. Denn sie wussten, dass das Leben des Geliebten von dem Pferd abhing, mit dem er in die Schlacht ritt.

Die außergewöhnlichen Fähigkeiten der edlen Vierbeiner, die durch Zucht und Ausbildung gefördert wurden, hat man in Gedichten und Liedern vielfach besungen. Die Herrscher Rajasthans besaßen Marställe mit

Tausenden von Pferden. Berichte über Schlachten der Mogulkaiser, denen sich auch die Herrscher von Rajasthan angeschlossen hatten, sprechen von 90.000 beteiligten Pferden. Man ritt Wallache oder Hengste, kaum Stuten. Rechnet man hoch, wie viele Stuten und Jungtiere man braucht, um auf 90.000 ausgebildete und einsatzfähige männliche Tiere zu kommen, endet man bei einer Anzahl von 250.000 Zuchttieren. Dies bedeutet, dass die Pferdezucht eine der wichtigsten Aufgaben im Königreich war. Eine ganze Armee von Pferdepflegern, Ausbildern etc. war notwendig, um eine reibungslose Organisation zu gewährleisten. In den Archiven der Rajas von Marwari sind beeindruckende Dokumente erhalten geblieben. Um die Widerstandsfähigkeit und Härte der Rasse zu erhalten, gaben die Herrscher die Jungtiere in die Hände von Nomadenstämmen, die durch die Steinwüsten und Steppen Rajasthans zogen. Dort wuchsen sie auf und lernten, lange Strecken zurückzulegen und sich selbst zu ernähren. So erlebten sie eine besondere Form der Verbundenheit mit dem Menschen. Diese Bindung blieb erhalten, auch wenn sie später in den riesigen Stallungen nur ein Pferd unter vielen waren. In der großen Saga »Shalihotra« sind alle Details der Pferdehaltung genauestens dokumentiert, ebenso der Ursprung der verschiedenen Blutlinien, besondere Wirbelplatzierungen oder Merkmale der Fellzeichnung und der Fellfarbe. Jedes Detail hatte seine Bedeutung, und ähnlich wie bei den arabischen Nomadenstämmen wurden schon bei der Geburt eines Fohlens Rückschlüsse auf seine Stärken und seinen Charakter gezogen.

Die Niederlage der indischen Fürsten im 19. Jahrhundert und die Machtübernahme durch die englische Krone bedeutete das Todesurteil für Tausende von Pferden. Sie wurden von der englischen Armee einfach abgeschlachtet, da das Pferd als minderwertig im Verhältnis zum Englischen Vollblut eingestuft wurde. Indirekt wollte man auf diese Weise auch den Stolz der Fürsten verletzen, wohl wissend, dass die Pferde die empfindlichste Stelle ihrer stolzen Seele trafen. Da aber die von England importierten Pferde wie die Fliegen starben, griff man zwangsläufig wieder auf die Marwaripferde zurück. Die spätere Befreiung Indiens von der Kolonialherrschaft verschlechterte die Situation der Marwarizucht in Indien noch um ein Vielfaches. Unter den Engländern, die hervorragende Pferdeleute waren, wurde der Marwarizucht immer noch ein Mindestmaß an Existenzberechtigung eingeräumt. Doch die neue Regierung sozialistischer Provenienz sah die Pferde als Machtsymbol der alten Herrscher und versuchte, die Zucht zu verwässern. Um gleichzeitig den Bedarf an Arbeitspferden zu sichern, importierte man Pferde aus Russland und Polen. In nur fünfzig Jahren wurde fast vollkommen ausgelöscht, was man über Jahrhunderte, ja Jahrtausende hinweg gezüchtet hatte: das ideale Kriegspferd vergöttert und verherrlicht in Sagen und Legenden und eingebettet in die älteste bekannte Dichtung, die Veden.

Nur wenige dieser wundervollen Pferde blieben reinblütig erhalten. Einige der herrschenden Familien haben sich niemals von ihren Pferden getrennt und in kleinem Stil die Zucht aufrecht erhalten. Auch einfache Bauern und wohlhabende Landbesitzer haben immer wieder ihre Pferde sorgfältig geschützt und versucht, ihre Reinheit zu bewahren. Einigen besonderen Menschen wie dem »Maharaj Narendra Singh of Mewar« ist es zu verdanken, dass das Ansehen der Marwaripferde sowohl in Indien als auch international wieder steigt. Er hat die »Chetak Horse Society of India« gegründet und versammelt alljährlich auf der »Chetak Horse Fair« die besten Pferde Indiens zu einem Wettkampf.

Bezaubernd wie die Augen der Kinder sind auch die faszinierenden und schillernden Impressionen Indiens.

Rajasthan ist eines der farbenprächtigsten und urtümlichsten Gebiete ganz Indiens mit einer Fülle an Farben und Düften, Pflanzen und Tieren. Hier ist die Heimat der Rajputen, gewaltiger Kriegsfürsten, die viele Jahrhunderte lang das Land beherrschten und über eine ganz besondere Kriegswaffe verfügten, das Marwaripferd. Die Zucht der Pferde unterlag strengen Gesetzen, die im hinduistischen Glauben verankert sind. Man sah in den Pferden ein Geschenk der Götter und schmückte sie mit Diamanten und Gold.

Jedes Marwaripferd hat die sichelförmigen Ohren mit mehr oder minder starker Krümmung. Bei jeder Fellfarbe tauchen sie auf und faszinieren jedes Mal aufs Neue. Man glaubt, dass die Marwaripferde ihren Ursprung in der turkmenischen Rasse haben, jedoch von den indischen Fürsten durch selektive Zucht zu einer einmaligen Edelrasse weiter entwickelt wurden, die man ohne weiteres mit den europäischen Pferden des 18. Jahrhunderts vergleichen kann.

In vergangenen Jahrhunderten fühlten sich die Fürsten in besonderer Weise mit ihren Pferden verbunden. Sie bildeten eine Einheit auf Leben und Tod. Dies erklärt auch den Namen der Pferde, denn »Marwari« bedeutet »aus dem Land des Todes«.

Der Hengst Ali Baba ist als Tanzpferd in Indien berühmt geworden. Er ist ein imposanter großrahmiger Hengst mit weisser Blesse, der eine unglaubliche Vitalität ausstrahlt.

Selten erlebt man bei einem Pferd eine solche Musikalität und eine so ausgeprägte Freude am Tanz, wie Ali BAba im Zusammenspiel mit seinem Reiter Jodh Singh Rao zeigt.

Das Taj Mahal wurde aus Liebe zu einer Frau errichtet. Ebenso hoch wie die Frauen standen die Marwaripferde in der Gunst der Inder. Beide teilten das Schicksal, dass sie beim Tod ihres Herrn mit geopfert wurden. Mit seinen Mythen und Traditionen ist Indien ein schillerndes und berauschendes Land, dessen vielfältige Kultur uns fasziniert, auch wenn sie zuweilen befremdet.

ISLÄNDER

Vikingerpferde von der Vulkaninsel

Im goldenen Licht der Mitternachtssonne galoppieren die Islandpferde durch eine unberührte Landschaft von Gletschern und Geysiren. Hier, am Rande des Polarkreises, sind sie seit über tausend Jahren zu Hause.

Die Isländer legen großen Wert auf Tradition. Die historische Tracht mit der schwarzen Kappe und der langen Quaste wird auch heute noch getragen.

Da stehen sie nun, die berühmten Islandpferde: Eine Herde kleiner struppiger Tiere in undefinierbarem Braun, ihr Fell verkrustet mit Schlamm, den Hintern gegen den heftigen Wind gedreht. Zwischendrin leuchtet ein hellerer schmutziger Fleck auf. Das könnte ein Schimmel sein. Der Regen tropft aus ihren zotteligen Mähnen in kleinen Sturzbächen hinab auf die Erde, um im Morast zu versickern. Vor lauter Pelz und Haargewuschel sieht man kaum ein Auge oder die Ohren. Die Pferde haben ihre Köpfe zusammengesteckt und schützen sich so gut wie möglich gegen den schneidenden Wind. Man hatte mich gewarnt vor dieser Reise hoch in den Norden, aber so schlimm konnte ich es mir gar nicht vorstellen. Island zeigt sich von seiner typischen Seite: Peitschender Regen, pfeifender Wind und wild dahin stürmende Wolkenberge. Unvorstellbar, dass ich zwei Wochen lang in diesem Wetter reiten und draußen kampieren soll.

Aber es sollte alles noch viel schlimmer kommen, als ich am ersten Tag auch nur ahnen konnte. Wir hatten alle Naturgewalten gegen uns. Wir ritten durch Eisregen und durch heftigen Sturm. Eine Woche später wurde es so heiß, dass den Pferden die weiße Haut unter den Blessen verbrannte und sich ablöste. Wir ritten in der Mitternachtssonne, um einem Hitzestich zu entgehen. All diese Strapazen wären zu ertragen gewesen, doch auf etwas anderes war ich nicht vorbereitet: Statt mich aufgrund all dieser Schwierigkeiten nach der Abreise zu sehnen, fing ich an, dieses Land, seine Menschen, das verrückte Wetter und vor allem die vierbeinigen Isländer voller Inbrunst zu lieben. Diese kleinen zotteligen Pferdchen, die auf den ersten Blick nach Nichts aussehen, entpuppten sich als großartige Gefährten, so, wie mein schwarzer *Thor*, der mir fast das Leben gerettet hat. Als wir einige Jungtiere einzufangen versuchten, rutschte eine ganze Erdscholle mit uns beiden hinunter in den Fluß. Die starke Strömung ergriff uns sofort. Der kleine Hengst, an den ich mich instinktiv fest klammerte, brachte uns beide mit letzter Kraft wieder zurück ans Ufer. Ohne ihn wäre ich in dem eiskalten Gletscherwasser wohl hoffnungslos verloren gewesen. *Thor* trug mich über Lavafelder, die von schwefeligem Nebel überdeckt waren, und durch sumpfige Flußniederungen, bei denen er bis zum Bauch im Morast versank. Island ist unberechenbar und gleichzeitig überwältigend. Um die Insel mit all ihren faszinierenden Facetten richtig kennen zu lernen, muss man sie auf dem Rücken der Pferde erobern. Zu Fuß kommt man nicht weit, und die Wege ins Hochland sind mit hochrädrigen Geländefahrzeugen auch nur einige Monate im Jahr befahrbar.

Pferde sind der Schlüssel zu diesem Land. Als die norwegischen Wikinger zwischen 860 und 935 die damals noch einsame vulkanische Insel besiedelten, befanden sich auf ihren offenen Langbooten – neben Schafen und Rindern – auch Pferde. Von ihren Kreuzzügen nach England und Irland brachten die Wikinger Ponys keltischen Ursprungs mit und kreuzten sie mit ihren Pferden. So wurde die Grundlage geschaffen für die spätere Zucht des Islandpferdes. Schon um das Jahr 1000 wurde dann, aus Angst vor Seuchen, der weitere Import von Pferden verboten. Damit war die Voraussetzung geschaffen für eine Jahrhunderte lange genetische Reinzucht, die die Hippologen bis heute begeistert und den Pferden den Namen »Vollblüter des Nordens« eingebracht hat. Im weiteren Verlauf mussten sich die Isländer den extremen Umweltbedingungen auf der unterhalb des nördlichen Polarkreises liegenden Insel anpassen. Überleben konnte nur, wer mit wenig Futter und unter schwierigsten klimatischen Bedingungen zurecht kam. Die natürliche Selektion – nur die härtesten und widerstandsfähigsten kamen durch – sorgte für eine robuste Konstitution. Dieses Erbe ist in jedem einzelnen Islandpferd auch heute noch verankert.

Für die Wikinger war das Pferd ein heiliges Tier. Ihr höchster Gott, Odin, bestand auf seinem achtbeinigen Pferd *Sleipnir* kühnste Abenteuer. Amulette mit Darstellungen *Sleipnirs* galten als Talismann und versprachen Fruchtbarkeit und Kraft. Auch in vielen anderen nordischen Sagen und Legenden spielen die Pferde eine herausragende Rolle. Sie waren der Stolz und der Reichtum ihrer Besitzer. Besondere Hengste machten ihren Herrn berühmt und gründeten neue Zuchtlinien. Unverzichtbar waren sie für die Bewältigung des Alltags. Mit Hilfe der Pferde wurde das Baumaterial transportiert, ebenso die Post und jedes Stück Stoff und Geschirr, das man im Haus brauchte. Auch heute werden auf der Insel der Lavafelder, Gletscher, Steinwüsten und Flüsse die Isländer noch als Pack- und Zugpferde für Arbeiten jeglicher Art gebraucht. Dabei erweist sich auch eine andere Eigenschaft dieser Tiere als nützlich: der untrügliche Orientierungssinn. Vor allem im Winter, wenn Dunkelheit, Schneeverwehungen und Nebel für extrem schlechte Sichtverhältnisse sorgen, ist es schon so manchem Reiter passiert, dass sein Pferd stehenblieb und keinen Meter mehr weiter ging: Er stand vor der eigenen Haustür und hatte es bei dem dicken Nebel noch gar nicht gemerkt. Ein Islandpferd findet notfalls auch über Hunderte von Kilometern wieder nach Hause, und es spürt jede Gefahr, die droht.

Zu den Besonderheiten der Islandpferde gehört ihre Veranlagung für fünf verschiedene Gangarten. Neben Schritt, Trab und Galopp beherrschen sie auch die alten Gangarten »Pass« (skeid) und den »Tölt«, der in Amerika »rack« heißt. Der »Pass« wird nur im Renntempo über kurze Strecken – einige hundert Meter – geritten. Das Pferd entfaltet hierbei eine enorme Kraft und Energie. Der Renn-Pass wird in Island als die Königsgangart bezeichnet. Beim »Tölt«, einem Viertakt ohne Schwebephase, hat das Pferd abwechselnd ein oder zwei Hufe auf dem Boden. »Tölt« wird vom Arbeits- bis zum Renntempo geritten und kann Galoppgeschwindigkeit erreichen. Das Pferd geht stolz aufgerichtet, weitgehend erschütterungsfrei und ermöglicht ein bequemes Reiten über lange Strecken. Die Gangart »Tölt« ist dem Isländer angeboren. Bei einigen Fohlen sieht man sie schon direkt nach der Geburt. Ende des 19. Jahrhunderts begann man im Norden Islands mit der selektiven, insbesondere auf die Gangveranlagungen ausgerichteten Zucht. Gleichzeitig entdeckten die Menschen ihre Begeisterung für den Pferdesport. 1874 fand im Norden Islands, in Akureyri, das erste Pferderennen statt. Heute werden vielerorts Flachrennen im Galopp über unterschiedliche Distanzen, aber auch Pass-Rennen ausgetragen. Beliebt – und inzwischen auch auf dem europäischen Festland verbreitet – sind Gangartenwettbewerbe. Das größte isländische Pferde- und Reiterfest ist das »Landsmót«, eine Art Nationalschau, bei der die besten Zuchtpferde, Turnierpferde, Supertölter und Renn-Passer präsentiert werden. Das erste Landsmót fand 1950 in Þingvellir statt, jenem geschichtsträchtigen Ort, an dem tausend Jahre zuvor (930) das Althing, das älteste demokratische Parlament der Welt, erstmals zusammengetroffen war. In regelmäßigen Abständen findet das Landsmot seitdem statt und lockt viele tausend Islandpferdefreunde an. Immer häufiger sind Islandpferde inzwischen auch außerhalb ihrer Heimatinsel anzutreffen. Ihre Trittsicherheit, ihre Ausdauer, ihre Kraft und ihr ruhiges Temperament prädestinieren sie vor allem für den Freizeitbereich und das Wanderreiten. Immer noch am eindrucksvollsten ist es allerdings, auf einem Islandpferd durch das Land der Gletscher und Geysire, der Flüsse, Lavafelder und Steinwüsten zu reiten, ein Erlebnis, bei dem schnell jeder Bezug zu Raum und Zeit verloren geht. Nicht anders können die Wikinger diese Insel erlebt und ihre Urtümlichkeit erspürt haben. Ob vor tausend Jahren oder heute: Wer hier seine Seele nicht wieder entdeckt und sich öffnet, der hat kein Herz mehr für das Leben.

Jede Flussüberquerung in Island ist ein Abenteuer, denn man kann nicht abschätzen, wie stark die Strömung und wie tief der Fluß ist.

Auf der Insel am Polarkreis inmitten von Gletschern und Geysiren sind ganz besondere Pferde zu Hause, die das Glück haben, in einer intakten Natur aufzuwachsen. Sie verfügen über einen untrüglichen Instinkt und über fünf verschiedene Gangarten, die sie zu einem der bequemsten Reitpferde der Welt machen. Rund 500.000 Pferde gibt es auf Island – bei nur rund 250.000, zweibeinigen Inselbewohnern.

Besonders stolz sind die Züchter der isländischen Pferde auf die Vielfalt der Fellfarben. Insgesamt 15 Farben und Farbkombinationen sind anerkannt. Fuchs und Isabell, Braun, Dunkelbraun, Rappe, Schimmel, Mausfalbe und Schecke sind am häufigsten vertreten. Eine Besonderheit sind die sogenannten Farbwechsler, Pferde, die im Sommer eine andere Farbe haben als im Winter. Auf einigen Gestüten wird eine spezielle Farbzucht betrieben.

Islandpferde werden nicht größer als 120 bis 130 cm. Dennoch zählen sie nicht zu den Ponyrassen. Die Fohlen haben eine vielversprechende Zukunft vor sich, denn isländische Pferde haben international einen immer größer werdenen Kreis von Anhängern.

Den Kapriolen des Wetters sind die halbwilden Pferde ungeschützt ausgesetzt: mal fährt der Wind wild durch die prächtigen Mähnen. Mal lassen Regenwolken die Vulkanlandschaft trist und trostlos erscheinen. Mal verwandeln Sonnenstrahlen die neblige Ebene in eine lichtdurchflutete Landschaft: Ein Paradies mit Pferden – ein Paradies der Pferde.

Mitten im Gletschergebiet des Myrdalsjökull zieht eine Pferdeherde in Richtung Landmannalaugar. Bizarr geformte Säulen aus erstarrter Lava bilden den pittoresken Hintergrund, schwarzer Lavasand den Untergrund. Die Mitternachtssonne hüllt die ganze Szenerie in ein atemberaubendes Licht.

Vor den Gletschern des Vatnajökull, eines Vulkans, der immer noch aktiv ist, bewegt sich eine Herde in Richtung Hella. Sie kommen aus den Hochebenen und gehen jetzt im Herbst zurück auf ihren heimatlichen Hof

Bei den Wikingern spielten Pferde eine mythische Rolle als Reittier der Götter. Im Rahmen der regelmäßig abgehaltenen Pferdemärkte gab es auch Hengstkämpfe. Statt einen Streit vor dem Gericht auszutragen, ließ man zwei Pferde der unversöhnlichen Parteien gegeneinander antreten. Der Ausgang solcher Kämpfe wurde als eine Art Gottesgericht akzeptiert.

In Island werden viele Pferde halbwild im Herdenverband gehalten. Den Sommer verbringen sie allein im Hochland. Dort gebären sie auch ihre Fohlen. Im Herbst werden die Tiere in die Tiefebene geholt, aber auch dort verbleiben sie im Freien. Dank des ausgeprägten Sozialverhaltens innerhalb der Herde werden die Jungtiere gegen die extreme Kälte geschützt.

MAREMMANO

Halbwilde Pferde der Toskana

In den »Maremmas«, den Sümpfen nahe von Grosseto wachsen heute immer noch halbwilde Pferde auf. Der Nordwesten der Toskana ist das Zuhause der großen braunen »Maremmani«, die zu den ältesten Pferderassen Italiens zählen. Sie hüten, zusammen mit den italienischen Cowboys, den Butteri, die langhörnigen Rinder.

Es ist früh am Morgen, kurz vor Sonnenaufgang, die feuchte Kühle der Nacht liegt noch in der Luft. Davide schlägt fröstelnd seinen Mantel enger um die Schultern, zieht noch einmal heftig an seiner Zigarette, dass die Aschenspitze rot aufglüht, schwingt sich in den Sattel und macht sich auf den Weg. Ein Stück weiter, wo der Ombrone ins Meer mündet, wo der Boden weich ist und nach Salz duftet, leben die braunen Maremmani in der größtmöglichen Freiheit, die der Mensch ihnen gewähren kann. Dorthin zieht es Davide, denn er ist ein Buttero, ein italienischer Cowboy. Regelmäßig kontrolliert er die Stutenherden draußen am Meer. An diesem Tag bin ich ihm zuvor gekommen und erwarte ihn in der Nähe der Pferde. Eine Stute rennt seltsam aufgeregt hin und her und legt aggressiv die Ohren an. Von Davide ist noch nichts zu sehen, also gehe ich näher heran und bemerke plötzlich Füchse durch das Gras streifen. Ein Fuchs hat etwas Weißes in seinen Fängen, als er davonrennt. Die Stute kann sich nicht beruhigen und dreht sich, immer an derselben Stelle, im Kreis. Erst jetzt bemerke ich das neugeborene Fohlen. Es ist noch ganz feucht, das Fell verklebt. Doch es hat frische Bisse in den Ohren und in der Schnauze, die heftig bluten. Die junge Mutter hat sich zum Abfohlen zu weit von der Stutenherde entfernt. Sie hätte keine Chance gehabt, wenn ich nicht dazu gekommen wäre. Ich setze mich zu den beiden und passe auf sie auf, bis Davide uns entdeckt und sich den Wunden des Fohlens annimmt. Geduldig warten wir, während die Sonne über der Maremma aufgeht, bis es sich erholt hat und seine ersten Bocksprünge vollbringt. Später wird Davide die Stute und ihren Nachwuchs in ein Gehege holen, um das verletzte Fohlen versorgen zu können.

Die junge Stute wacht besorgt über ihr neugeborenes Fohlen, damit die Füchse ihm nicht zu nahe kommen.

Im Süden der Toskana liegt die Maremma, eine faszinierende Gegend mit dichten Pinienwäldern, einsamen Stränden, Sumpfgebieten, Thermalquellen und Naturschutzgebieten. Unweit von Grosseto, in Alberese, pflegt man in einem italienischen Staatsgestüt eine weit zurückreichende Tradition und züchtet eine uralte Rasse von zähen weißen Langhornrindern, die von den Etruskern aus Kleinasien mitgebracht worden sein sollen. Diese sogenannte Razza Maremmana ist eine der letzten reinrassigen Rinderrassen Europas, die im »Parco Naturale della Maremma«, auch »Parco dell' Uccellina« genannt, in nahezu unberührter Natur wie in vergangenen Zeiten leben. Hier finden sie noch weite Weideflächen, die nicht von Bauern kultiviert werden. Das Hütepferd für diese Rinder ist der robuste und perfekt an die sumpfige Umwelt angepasste Maremmano. Seit vielen Jahrhunderten wächst er mit den Rindern auf und hat so einen besonderen Instinkt im Umgang mit den Rindern.

Die Etrusker, die vor mehr als 3000 Jahren die Gegend der heutigen Maremma in der südlichen Toskana besiedelten, haben die kleinen, ausdauernden Pferde geschätzt und als Reitpferde sowie für die zweirädrige »biga« als Zugpferd gezüchtet. Ihre eindrucksvoll dekorierten Gräber zeugen von einem ausgeprägten Totenkult um die Pferde. Ein schwarzes Pferd begleitet die Menschen durch die irdische Welt und ein weißes Pferd war das Reittier in der Welt der Götter. Man vermutet, dass die Urahnen der Maremmani keltischen Ursprungs sind, was auch die ausgeprägte Kopfform bestätigen würde. Bis in die Nähe von Talamone war 225 v. Chr. ein keltisches Heer vorgedrungen, das sich auf dem Weg nach Rom befand. Die 5000 Mann wurden von den Römern in einen Hinterhalt gelockt und vernichtend geschlagen. Tausende herrenloser Pferde irrten umher, einige überlebten in den Sümpfen und entwickelten mit der Zeit eine erstaunliche Resistenz gegen alle Arten von Krankheiten. Daher ist der Maremmano eines der wenigen Tiere Europas, das keine Piroplasmose bekommen kann, jene nicht selten tödlich verlaufende, durch Zecken übertragende Erkrankung. In den folgenden Jahrhunderten wurden die wilden Pferde eingefangen und mit edlem Blut gekreuzt, das heißt mit Pferden spanischer oder arabischer Blutführung. Der Einfluss der barocken neapolitanischen Pferde ist ebenfalls dokumentiert. Immer wieder wurde jedoch mit halbwilden Pferden rückgekreuzt, um natürliche Instinkte und Resistenz in der Rasse zu erhalten. Im Laufe des 19. Jahrhunderts sollen dann aus England kräftige »Norfolk Roadsters« importiert und eingekreuzt worden sein. Heute sind die maremmanischen Pferde für Ihre Ausdauer, Vielseitigkeit, Ausgeglichenheit und Menschenfreundlichkeit bekannt.

Was auch immer an Blut in den Adern der Maremmani fließt, die größte Herausforderung war und ist die Anpassung an das unerbittliche Klima: Im Sommer erbarmungslose Sonne, brütende Hitze und Heerscharen von Plagegeistern, die stechen, beißen und Blut saugen. Im Winter herrscht feuchte Kälte, und es pfeift ein stetiger Wind, der alles mit einer hauchdünnen Eisschicht überzieht. Monatelanger Regen weicht den Boden auf und verwandelt das Schwemmland in einen Sumpf, so dass die Herden oft bis zu den Knien im salzigen Wasser stehen. Wenn im Sommer die Erde ausgedörrt ist und das Gras vertrocknet ernähren sich die Tiere von Disteln und »Salicornia«, einer Pflanze, die salziges Wasser speichern kann. Die toskanischen Pferde besitzen verhältnismäßig großflächige Hufe mit extrem fester Hornschicht. Zudem verfügen sie über eine eiserne Konstitution, denn sie sehen keinen Stall, bis sie zugeritten werden. Dies geschieht allerdings erst mit drei bis vier Jahren. Die Trainingsweise der Butteri unterscheidet sich dabei kaum von den Methoden, die die Gauchos in Argentinien oder die Gardians in der Camargue anwenden. Für die sogenannte doma, das Zureiten, arbeiten die Butteri in einem runden Korral, einem Fanggehege, das mit dem »roundpen« für die Westernpferde vergleichbar ist. Zur Zäumung des Maremmano werden zwei verschiedene Sättel gebraucht: die »scafarda«, ein modifizierter, auf einem hölzernen Sattelbaum konstruierter Militärsattel, und die etwas einfachere, aber ebenfalls bequeme »bardella«. Rund 5500 Maremmani werden heute vom Zuchtverband der Provinz Grosseto betreut. Der Maremmano ist ein vielseitiges Pferd. So kommt diese Rasse nicht nur bei den Carabinieri, der berittenen italienischen Polizei, zum Einsatz, sondern sie wird auch verstärkt im Sport- und Freizeitbereich geschätzt. Durch Veredlung mit Vollblütern wurde in den letzten Jahren ein etwas typvolleres Pferd gezüchtet, das nicht mehr den starken Ramskopf zeigt und intensiv im Sport eingesetzt wird. Man versucht heute, an die Erfolge des berühmten Hengstes »Ursus del Lasco« anzuknüpfen, der unter Graziano Mancinelli in den siebziger Jahren große Erfolge im Springsport feierte.

Seit die Toskana den Reittourismus entdeckt und Maremmano und Butteri als Vertreter ihrer Region auf die Equitana nach Essen geschickt hat, ist das fast unbekannte italienische Pferd der Rinderhirten stärker ins Rampenlicht gerückt. Die Maremmani im Naturpark kümmert das, gottlob, wenig. Als ich am Abend noch einmal zu ihnen zurückkehre, kündigt sich über dem Horizont ein Sommergewitter an, das Wetterleuchten erhellt für einen Moment die in der Abenddämmerung liegende Landschaft. Mit hoch erhobenem Haupt und fliegender Mähne trabt ein mächtiger brauner Hengst heran. Er ist über und über mit braunen Schlammkrusten bedeckt. Auf dem Fuß folgt ihm seine Herde mit Stuten und Fohlen. Sie galoppieren durch das Wasser, das kniehoch die Flussniederung überflutet. Sie sind frei, leben im Einklang mit den Naturgewalten und in einer natürlichen Harmonie, die noch nicht nach den Spielregeln der menschlichen Zivilisation zurecht gestutzt wurde.

Davide ist ein Butteri, ein italienischer Cowboy, und mit seinem Pferd ständig unterwegs.

In den sumpfreichen Gegenden der Maremma hat sich eine ganz besondere Art der Viehzucht entwickelt. Halbwilde Maremmanos leben hier zusammen mit den typischen weißen Rindern mit ihren auffälligen Hörnern. Gerade der »Parco dell'Uccellina« bietet ihnen ausgedehnte Weideflächen, die nicht von intensiver Landwirtschaft genutzt werden. Die Hüter dieser Herden sind die maremmanischen Butteri. Das Wort Buttero kommt aus dem Griechischen und bedeutet Viehhüter. Die Pferde sind dabei die wichtigsten Partner der Butteri, denn sie verfügen über einen guten Orientierungssinn und Erfahrung im Umgang mit den zahlreich dort lebenden Wildschweinen, Rehen und Wölfen.

In kleinen Herden von jeweils einem Hengst und circa 10 bis 15 Stuten leben die Maremmani für ein halbes Jahr zusammen. Während dieser Zeit werden die Fohlen geboren, die ohne Hilfe des Menschen zur Welt kommen und sofort allen Gefahren der Freiheit ausgesetzt sind. Die Stuten wachen aufmerksam über die Neugeborenen, aber auch der Hengst verteidigt seinen Nachwuchs. Dennoch kommt fast ein Viertel der Fohlen aufgrund des harten Klimas oder der natürlichen Feinde um.

Die Widerstandsfähigkeit und Härte der halbwilden Pferde aus den toskanischen Sumpfgebieten sind das Ergebnis einer Jahrhunderte langen Entwicklung unter schwierigen Bedingungen. In den vergangenen Jahren hat man sich verstärkt um die Zucht bemüht. Die Butteri galten immer als unverzichtbar in der maremmanischen Pferde- und Rinderzucht. Noch heute verkörpern sie ein Stück regionaltypische Tradition und gelten als Symbol der gesamten Maremma. Zu diesem Zweck wurde die »Associazione Butteri d'alta Maremma« gegründet, um mit öffentlichen Vorführungen die ursprüngliche Arbeits- und Lebensweise der italienischen Cowboys lebendig zu erhalten.

Das Anreiten der Maremmani erfolgt in sorgsam aufeinander abgestimmten Schritten. Zunächst wird das Pferd in den Korral gebracht und dort an das Longieren gewöhnt, das heißt, es lernt, der Stimme und den Körperbewegungen des Menschen zu folgen. Nach einigen Runden des Bockens und Buckelns nimmt das Pferd die Führung an. Am nächsten Tag wird diese Lektion wiederholt und dann der Sattel aufgelegt, mit dem das Pferd erneut longiert wird. Damit das Pferd nicht zu sehr gegen den Sattel kämpft, nimmt man ein zweites Pferd dazu und lässt den Neuling als Handpferd mitlaufen. Erst dann setzt sich der Butteri in den Sattel, meist ohne Probleme. Maremanni sind trotz ihrer freien Lebensweise sehr gutmütige, kluge und vorsichtige Pferde.

Es gibt nichts Schöneres für Fohlen, als in einer großen Herde aufzuwachsen. Dieses Gefühl der Geborgenheit und Zugehörigkeit trägt zu ihrem ausgeglichenen und ruhigen Charakter bei. Die erwachsenen Tiere sind äußerst robust.

In der Regel haben Sie ein Stockmaß von mehr als 165 cm. Ihre typische Farbe ist dunkelbraun bis fast schwarz, und sie sind sehr zuverlässig und trittsicher, auch in schwierigem Gelände.

Folgende Doppelseite
Das Staatsgestüt Alberese liegt mitten in einer weiten, flachen Landschaft, die sich in herrliche Pinienwälder hinein erstreckt. In der Ferne lässt das glitzernde Leuchten das Meer erahnen, dessen Salzluft man bis Alberese riecht.

Unter die Reittrense legt der Butteri immer ein grobes Strickhhalfter. Hat er andere Arbeiten zu erledigen, gibt es ihm jederzeit die Möglichkeit, dem Pferd das Eisengebiss schnell aus dem Maul zu nehmen und es am Strick anzubinden.

Unentbehrlich und sozusagen ein Erkennungszeichen ist der »uncino« ein kleiner Stock, mit dem der Buttero die Tiere lenken und die Gatter öffnen kann, ohne dass er aus dem Sattel steigen muss.

Die Butteri reiten eine sehr altertümliche Version eines Sattels, »scafarda« genannt, in dem sie während ihrer langen Arbeitstage sehr bequem und tief sitzen können. Ein Lasso und andere Utensilien können an verschiedenen Ösen des Sattels angebracht werden.

Der Süden der Toskana ist das legendäre Land der Etrusker. Sie gründeten hier einige Siedlungen und versuchten die sumpfige Gegend durch Trockenlegungsarbeiten zu kultivieren. Die weißen Rinder, die sogenannte razza maremmana, mit ihren markanten Hörnern sind seit den Etruskern hier beheimatet. Insbesondere Pferde bildeten einen wichtigen Bestandteil der etruskischen Kultur, wie sich anhand vieler Zeugnisse bis heute belegen lässt. So waren zum Beispiel kleine in Bronze gegossene Pferde eine übliche Grabbeigabe. Im Palazzo Vitelleschi in Tarquinia, der ältesten etruskischen Stadt, kann man heute zwei prachtvolle, aus dem 4. oder 3. Jh. v. Chr. stammende Terracotta-Pferde bewundern, die 1938 in einer nahe gelegenen antiken Siedlung entdeckt wurden. Sie befanden sich dort an exponierter Stelle, in der Nähe von Stufen, die ehemals zu einem Tempel führten. Besonders markant sind die kraftvollen, gefederten Flügel.

MAREM

KALTBLUT

Mächtige Rösser - Liebenswerte Riesen

Kaltblutpferde waren lange Zeit vom Aussterben bedroht. Gerade noch rechtzeitig hat man sich ihrer Verdienste erinnert. In ganz Europa werden die sanften Riesen heute wieder mit großem Engagement gezüchtet und auf vielen Festen präsentiert.

Keine Angst vor großen Tieren: Die Shirehorses mit ihrem charakteristischen Behang über den Fesseln gelten als ausgesprochen gutartige Pferde.

Wenn mein Großvater von seinen »Rössern« sprach, meinte er die beiden Holsteiner Fuchsstuten, die bei uns im Stall standen. Die massiven Beine der »Ackergäule« gehörten zu den ersten Dingen, die mir in meinen frühesten Kindheitstagen ins Auge fielen. Wenn Fritz, Großvaters alter Knecht, auf den Kutschbock stieg, nahm er die Leinen in die Hand, schnalzte laut mit der Zunge, und die beiden Kaltblüter zogen an. Dann quietschten die gummibereiften Räder, und die beiden Pferde stemmten sich in ihrem Kummet nach vorn, um die Last zu ziehen. Ich quietschte vor Freude, wenn Fritz mich hochhob und auf *Lisas* oder *Maries* Rücken setzte. Meine kleinen Hände fanden in der üppigen Mähne ihren Halt, und ich fühlte mich im siebten Himmel. Mit den beiden Füchsen bewirtschaftete Großvater seine Felder, eine schwere Arbeit im satten und fruchtbaren Lehmboden. Mit ihnen brachte er auch die Ernte ein. Dagegen wurden die Trakehnerhengste, die im selben Stall standen, nur als Kutschpferde benutzt.

Jede Landschaft, jeder Kulturraum hat sich über die Jahrhunderte hinweg ein eigenes Arbeitspferd gezüchtet. Jeder Boden, ob schwer oder leicht, jede Art von Arbeit, ob es das Pflügen war oder das Holzrücken im Winter, erforderte Pferde, die sich genau diesen Gegebenheiten anpassen konnten und trotzdem noch genügsam waren. Von den riesigen Shirehorses in England bis hin zu den kräftigen Bergponies der Alpen, den Haflingern, war der treueste Arbeitskamerad des Bauern sein Pferd. Beide zusammen waren eine eingeschworene Gemeinschaft, die sich wortlos verstand und Wind und Wetter gemeinsam trotzen mußte. Harte körperliche Arbeit verband Mensch und Pferd. Wenn der Bauer abends seinem Dicken dann eine oder zwei Kellen Hafer in die Futterkrippe schüttete und noch ein paar Karotten drauflegte, dann war dies auch immer verbunden mit einem wortlosen Dankeschön und einem Klaps auf den Hintern. Erst nach dem Füttern seines Pferdes zog der Bauer seine verdreckten Stiefel aus und betrat die warme Küche, wo auf dem Ofen sein Essen wartete.

Durch die Mechanisierung der Landwirtschaft und die Technisierung von Transport und Verkehr vor und nach dem Zweiten Weltkrieg verschwanden immer mehr Kaltblüter aus den landwirtschaftlichen Betrieben und dem Straßenbild. Das Tier wurde durch die Maschine ersetzt. Damit wurde ein Schlussstrich gezogen unter eine Entwicklung, die bis in die Anfänge der Menschheitsgeschichte zurückreicht Jahrhunderte lang waren Pferde die einzig verfügbare Kraftquelle für den Menschen, um Waren zu bewegen und Distanzen zu überwinden. Zunächst trug das Pferd nur die Lasten auf seinem Rücken, zum Beispiel das erlegte Wild. Dann wurden die Lasten an Stangen auf dem Boden hinterher gezogen, bis zur Einführung des Jochs im Bronzezeitalter ca. 5000 v. Chr. Mit der Erfindung des Rads ging die Entwicklung der Karren und später der Kutschen einher. Fortan war das schwere Pferd der wichtigste Partner des Menschen für Handel und Wandel, Verkehr und Reisen. Nach dem Zweiten Weltkrieg wurden die Warmblutpferde im Hinblick auf sportliche Karrieren weiter veredelt. Das überflüssig gewordene Arbeitspferd schien vom Aussterben bedroht. Dreißig Jahre später allerdings setzte eine Rückbesinnung ein: Nicht nur im Freizeitbereich, insbesondere im Fahrsport, auch für den umweltschonenden Arbeitseinsatz, zum Beispiel im Wald, wurden die »Dicken« wieder entdeckt. Damit einher geht ein neuerliches Interesse an der Vielfalt und der Geschichte der einzelnen Kaltblut-Rassen.

Das nordeuropäische Waldpferd scheint der Urahne der meisten Rassen zu sein, unter anderem der des »Englische Shirehorses«. Man sagt, das Shirehorse stamme unmittelbar vom »Great Horse« ab, jenem schweren mittelalterlichen Turnierpferd, das vor allem in Nordeuropa zu Hause war. Vom Ritterpferd mit Riesenkräften entwickelte sich durch Verwendung Brabanter und flämischer Hengste das größte, schwerste und beliebteste Arbeitspferd Englands. Vor einen Lastkarren gespannt, kann es problemlos das Fünffache seines eigenen Körpergewichts ziehen. Im 17. Jahrhundert wurde es zur Trockenlegung der alten Sümpfe, der »Fens« in den »Midlands«, eingesetzt und später dort weiter gezüchtet. Der erste namentlich erwähnte Hengst hieß »Packington Blind Horse« und soll 1755 bis 1770 in Packington gedeckt haben. Die Rappfarbe kommt bei den Shires am häufigsten vor, daneben gibt es auch braune Pferde und sogar Schimmel. Natürlich haben alle Shires den weißen Behang, »Federn« genannt, der ihre Hufe vollständig verdeckt. Allen gemeinsam ist eine immense Körpergröße bis zu 220 cm Stockmaß und ein Gewicht von ca. 1.300 kg. Vor allem bestechen sie durch ihren gutmütigen Charakter und ihre Arbeitswilligkeit. Die zahlenmäßig am weitesten verbreitete Kaltblutrasse im 19. Jahrundert waren aber nicht die Shires, sondern die in Frankreich gezüchteten Percherons. Der Schwergewichtler unter den Kaltblütern stammt aus der Normandie, aus der Gegend von Le Perche. Man sagt, »der Percheron sei ein Araber, der durch Klima und die schwere Arbeit, die er seit Jahrhunderten verrichtet, dick geworden ist«. Tatsächlich favorisieren die Percherons auch die bei Araberpferden vorherrschende Schimmelfarbe, sie haben hübsche Köpfe und sind sehr kooperativ, willig und gelegentlich sehr temperamentvoll. Das fränkische Ritterheer Karl Martells soll, als es 732 n. Chr. bei der Schlacht von Poitiers die Türken schlug, mit Percherons beritten gewesen sein. Durch Einkreuzung von orientalischen Pferden, die die Herren von Perche von ihren Kreuzzügen mitbrachten, veredelte man das allzu schwere Kaltblut und gewann ein angenehmeres Reit- und Arbeitspferd mit langer Schulter und raumgreifendem Schritt. Der Stammvater der Rasse hieß »Jean le Blanc« und wurde 1830 in »Mauves-Sur-Huisne« in der Normandie geboren. 1833 wurde das französische Stutbuch eingerichtet; seit 1911 werden dort nur solche Tiere eingetragen, deren beide Elternteile eingetragen sind. Auch in den Vereinigten Staaten und in Großbritannien gibt es heute eigene »Percheron Societies«.

Noch weiter zurück reicht die Geschichte der Noriker. Vor rund 2000 Jahren wurde das einstige Legionärspferd der Römer in den Provinzen Noricum, Rätien und Pannonien heimisch und fand neue Zuchtstätten, hielt sich dauerhaft aber nur in Noricum. Im 16. Jh. wurde es durch Zufluss von Andalusier- und Neapolitaner-Blut verbessert. Noriker werden heute noch im Alpenraum und in Süddeutschland bei strenger Selektion gezüchtet. Meist sieht man braune Pferde mit hellem Mähnenbehang oder Füchse, doch besonders beliebt sind die Tigerschecken, Pinzgauer genannt. In allen ländlichen Gebieten Österreichs wird im Winter die Zeit genutzt, um mit den Schlitten hinauszufahren. So treffen sich beispielsweise die Bauern aus dem Goldegger Tal in der ersten Januarwoche auf einem zugefrorenen See. Der frisch gefallene Schnee knistert unter den Schlittenkufen, und die Pferdekörper dampfen vor Anstrengung. Bei 20 Grad minus wird gelacht und gescherzt, der Glühwein wärmt von innen und der traditionelle Lodenmantel von außen. Die Pferde sind sonntäglich herausgeputzt. Das Zaumzeug und das Geschirr sind reich bestickt. Mit Messing beschlagene Lederbehänge, Prallriemen genannt, auf denen der Name des Bauern eingraviert ist, zieren die Pferdeflanken. So sorgfältig wie das Herausputzen der Tiere zu Repräsentationszwecken wird auch die Zucht betrieben. Strenge Selektionskriterien werden hier angelegt. Der Noriker hat heute das größte geschlossene Zuchtgebiet aller europäischen Kaltblutrassen.

Percherons sind mit ihrer enormen Zugkraft ideale Fahrpferde. Daher werden sie auch bei großen, repräsentativen Gespannen eingesetzt.

Seit Jahrhunderten wird in den abgeschiedenen Tälern die Rasse der Schwarzwälder Füchse mit ihrem hellen Mähnenbehang gezüchtet. Die Pferde fehlen bei keinem der traditionellen Umzüge oder den Festtagen im Schwarzwald. Die Bauern bestellten mit ihnen die Felder, holten im Sommer das Heu und im Herbst das Holz ein. Im Winter wurden die Pferde vor den Schlitten gespannt. Mit ihrer Hilfe wurden die von Hand gefertigten Kuckucksuhren ins Tal gebracht. Heute ist vor allem das Haupt- und Landgestüt Marbach Zuchtstätte für die Schwarzwälder Füchse. Inmitten der gestütseigenen Araberherde und der Warmblutfohlen tummeln sich auch kleine Schwarzwälder Fuchsfohlen.

Wegen ihres gutmütigen Charakters werden die Shirehorses in England auch als »Gentle Giants« (Sanfte Riesen) bezeichnet.

Die gewaltigen Shires sind mit einem Stockmaß von 173 bis 215 cm die größten Pferde der Welt. Ihr Fell ist dunkelbraun bis schwarz, fast immer mit Abzeichen. Gelegentlich trifft man auch einen Schimmel. Der Kopf wirkt proportional zur Körpergröße eher klein, mit einer breiten Ramsnase und großen, hervorstechenden Augen.

Das Shirehorse wird heute in ganz England und Wales gezüchtet. Die Wiederbelebung der Rasse nach Jahrzehnten mit extrem rückläufigen Beständen ist vor allem den Brauereien zu verdanken: einige von ihnen pflegen die Tradition ihre Bierfässer mit Shire-Gespannen an die einzelnen Pubs auszuliefern. Dazu werden hochrädrige Wagen benutzt, und die Pferde tragen ein extra starkes, mit Messingplatten verziertes Geschirr. Heute werden Shirehorses vor allem von Freizeitfahrern auf der ganzen Welt geschätzt. Bei alljährlich stattfindenden Shirehorse-Veranstaltungen stellen die Pferde immer neue Kraftrekorde auf.

Der Sage nach soll der Comtois schon im Reich der Franken gezüchtet worden sein. Nachweislich geht er auf die Pferde zurück, die die Germanen mit nach Burgund brachten. Das eigentliche Zuchtgebiet liegt nahe der französisch-schweizerischen Grenze in der »Franche Comté« - daher auch der Name. Ein Comtois ist ein munteres und zuweilen temperamentvolles Pferd, wie der Hengst Aigle d'Or aus dem Staatsgestüt Pompadour in Frankreich eindrucksvoll demonstriert.

Der Comtois ist mit dem Ardenner Kaltblutpferd verwandt, ist allerdings im Blut etwas edler. Im Mittelalter diente er als Schlachtross, auch bei der Kavallerie des 19. und 20. Jahrhunderts kam er zum Einsatz. Heute werden Comtois für leichte Zugarbeiten, zuweilen auch in den burgundischen Weinbergen eingesetzt.

Das Gestüt »Du Pin«, von Ludwig XIV. in der Normandie gegründet, gilt als »Versailles der Pferde«, Seit 1730 sind hier wertvolle Zuchthengste zu Hause. Als königliches, kaiserliches, später staatliches Gestüt steht Pin für eine

Platanen endet vor dem majestätischen Schloss mit dem prunkvoll vergoldeten Tor. Die Anlage ist heute Reiseziel für Pferdefreunde aus aller Welt. Mit etwas Glück wird gerade ein gewaltiger schwarzer Hengst vorgeführt und

35

Einmal im Jahr findet in Rottach-Egern am Tegernsee der Rosstag statt. Dann treffen sich alle »Rossnarrischen« mit ihren Pferden und Kutschen zu einem einzigartigen Umzug. Noriker, Haflinger, Pinzgauer und viele andere Kaltblutpferde sind hier vertreten, sogar die Tragetiereinheit der Berchtesgardener Gebirgspioniere mit ihren Mulis. Die Menschen haben sich genauso schmuck herausgeputzt wie ihre Pferde.

Bei traditionsreichen Festen wie dem »Rosttag« am Tegernsee reisen Fuhrleute und Reiter von weither an, um gemeinsam mit Hunderten von Pferden bayerische Tradition und bayerisches Brauchtum zu pflegen. Dazu gehören die traditionsreichen Trachten ebenso wie der aufwendige Schmuck für die Rösser. Pferde sind heute wie in alter Zeit auch ein Prestigeobjekt innerhalb der bäuerlichen Gemeinde. Wer es sich leisten kann, züchtet Kaltblutpferde und hat eine prächtige Kutsche in der Remise, mit der die Familie oder auch Feriengäste am Sonntag ausfahren können. Zu den hohen Fest- und Feiertagen werden das Dirndl und die Lederhose aus dem Schrank geholt, wird stolz der Hut mit dem Gamsbart aufgesetzt, wird das Kummet für die Pferde poliert. Jede Anspannung hat ihre Besonderheit. Jedes Detail - von der wertvollen Federkielstickerei bis zu den in Schweif und Mähne eingeflochtenen Blumen - erzählt seine eigene Geschichte.

Eine unvergleichliche Stimmung herrscht auf dem traditionellen Wintertreffen der Noriker in Goldegg in Österreich. Der frische Schnee knistert unter den Schlittenkufen, die Pferdekörper dampfen vor Anstrengung, das Thermometer hat eisige Minusgrade erreicht.

Gabriele Boiselle... Kein Leben ohne Pferde!

Der Geruch von Heu und warmen Pferdekörpern umgibt mich. Weiche Pferdelippen rupfen und zupfen Grashalme aus dem Ballen, auf dem ich sitze. Ab und an fährt eine samtene Pferdeschnauze über meinen nackten Zeh, und eine rauhe Zunge tastet die Fußsohle ab. Ein zufriedenes Schnauben oder Prusten durchbricht zuweilen die Ruhe. Auf dem Fell der Pferde tanzen die Schatten der Birkenblätter. Wenn man gegen den blauen Himmel blickt, leuchtet das junge Frühlingsgrün hell und duftig. Im Frühlingswind, der die Bäume zum Rascheln bringt, fliegen auch die Mähnenhaare empor. Wie gesponnenes Silber legen sie sich um die Ohrmuscheln der Tiere, und die Sonnenstrahlen tauchen sie in ein flirrendes Licht. Hier, bei meinen Pferden, ist der Ursprung meiner Arbeit. Ohne die Liebe zu meinen und zu allen anderen Pferden könnten alle Professionalität und selbst die beste Kameratechnik mir nichts nützen. Bei meinen Pferden finde ich zurück zur Harmonie mit mir selbst und der Welt. Dabei übersehe ich nicht, dass Pferde immer noch Tiere sind, wenn auch Wesen der besonderen Art, die einen ins Paradies zu tragen vermögen. Um mit ihnen richtig umgehen zu können, muß man zupacken und Autorität ausstrahlen. Um mit Pferden zurecht zu kommen, muss man auch mit sich selbst zurechtkommen. Sie müssen jederzeit klar spüren, woran sie mit ihrem Menschen sind. Genau wie bei den Menschen liegt die gelungene Partnerschaft mit den Pferden im Ausgleich, in der Mitte zwischen bedingungsloser Liebe und selbstbewusstem Ich-Sein.

Wozu mich meine Pferde immer wieder zwingen, ist, mir Zeit zu nehmen: für sie, für mich und für das wirklich Wichtige – hier zu sitzen und ihnen zuzusehen, *Faruk* zum Beispiel, dem einundzwanzigjährigen Schimmelwallach. Er wurde bei mir im Stall geboren und war von Anfang an ein eigensinniges Pferd wie seine Mutter. Er hat mir immer wieder bewiesen, wie schlecht ich reiten konnte und hat mich Dutzende Male abgeworfen, bis er mir beigebracht hatte, oben zu bleiben und die Führung zu übernehmen. Bei meinen Pferden spüre ich, dass sie mich als Teil der Herde akzeptieren. Willy, der Rappe, läßt einige Heuhalme in mein Haar fallen und fischt sie wieder heraus. Dabei streifen seine Barthaare meine Nase und kitzeln mich. Wenn ich von einer meiner Reisen zurückkomme, ist es immer wieder schön, das »Zuhause-Gefühl« zu haben, wenn man in seine Wohnung kommt. Doch wirklich wieder zu Hause bin ich erst, wenn ich den Stall betrete und das Wiehern der Pferde mir entgegen klingt.

Meine Seele ist mit den Pferden verbunden. Jeglicher Stress und Kummer fallen ab, wenn ich mich zu meinen Pferden geselle, oder wenn mich mein Trakehnerhengst *Fritz* weit weg trägt und wir beide den Ritt durch den Wald genießen. Die Nähe der Pferde gibt mir Frieden und Kraft und ist die Quelle meiner künstlerischen Kreativität. So kommen mir die besten Ideen für meine Fotos, wenn ich die Pferde beobachte, ihre Bewegungen studiere, ihr Verhalten zu den einzelnen Mitgliedern der Herde spüre, ihre Achtung oder ihre Dominanz an kleinen Gesten feststelle, dann entstehen vor meinem inneren Auge Bilder, die ich gerne fotografieren würde. Ich habe gelernt, nur die Bilder zu machen, zu denen ich Lust habe, und nur die gelingen auch gut. Denn sie erzählen, besser, als ich selbst es könnte, was ich denke und fühle.

An Gabriele Boiselle ist eine Amazone verloren gegangen. Wäre sie ein paar tausend Jahre früher zur Welt gekommen, hätte sie mit Sicherheit an der Seite von Penthesilea und deren Kriegerinnen gekämpft. Denn wie einst die Amazonen ist auch Gabriele Boiselle eine Kämpfernatur, willensstark und klug, unerschrocken und unbeugsam. Und ebenso wie jene verbindet auch sie eine tiefe, kreatürliche Liebe mit den Pferden, jenen edlen Geschöpfen, die in ihrem Leben und für ihre Arbeit eine so zentrale Rolle spielen. Kriegerische Ambitionen wie ihre Urahninnen hegt die Fotografin nicht, gottlob. Pfeil und Bogen hat sie gegen Kamera und Füller eingetauscht. Diese jedoch setzt sie mit so viel Macht ein, dass sich niemand der Faszination ihrer Bilder und ihrer Texte entziehen kann. Gabriele Boiselle ist als Fotojournalistin ein absoluter Profi. Eine solide Ausbildung (Journalistik-Studium in München), ein erstklassiges Equipment und eine umfassende Infrastruktur (mit eigenem Verlag) verstehen sich dabei von selbst. Viel entscheidender ist die innere »professionelle« Einstellung, ist die Weitsicht, mit der sie, nach ersten Anläufen im Print-, Hörfunk- und Fernsehbereich, die Fotografie als das ihr gemäßeste Medium und die Pferde als das sie am tiefsten beschäftigende Thema erkannte, ist die Konsequenz, mit der sie sich beiden fortan verschrieb.

Das ist inzwischen mehr als zwanzig Jahre her. Seitdem ist Gabriele Boiselle – mit der Kamera im Gepäck – hunderttausende Kilometer weit gereist, hat die Bekanntschaft ungezählter Pferde – und Pferde-Menschen – gemacht und ein Foto-Archiv erarbeitet, das qualitativ wie quantitativ seinesgleichen auf der Welt sucht. Jedes einzelne der dort gesammelten Bilder erzählt eine Geschichte, jede Geschichte nimmt uns – an der Seite der Fotografin – mit auf Reisen, in sengende Sonne und eisige Kälte, in den Süden Afrikas oder die faszinierende arabische Welt, in verschneite Bergregionen oder sturmzerfetzte Meerlandschaften. Von A wie Araber bis W wie Welsh Cob sind zahllose Rassen in ihrem Archiv vertreten. Und mit jeder einzelnen hat sie sich so intensiv wie möglich auseinandergesetzt, was konkret heißt, dass sie vor Ort, in den jeweiligen Ursprungsregionen, in freier Natur oder bei den Züchtern, ihren Spuren fotografisch nachgegangen ist, bei Wind und Wetter und unter nicht selten schwierigsten Bedingungen. Das Geheimnis ihres Erfolgs liegt wohl in dieser seltenen Mischung: Auf der einen Seite ein hochsensibles ästhetisches Gespür für Situationen, Momente, Augen-Blicke, die es mit der Kamera festzuhalten gilt; auf der anderen Seite eine unerschrockene Zähigkeit, die sich auch von elementaren Widrigkeiten nicht beeindrucken oder gar von selbstgestellten Aufgaben abbringen lässt – und nicht zuletzt einen untrüglichen journalistischen Sinn dafür, aus beidem etwas entstehen zu lassen, das eine außergewöhnliche »story«, ein spannendes Porträt, eine faszinierende (Foto)Reportage ergibt.

Mit ihrer Foto-Kunst zählt Gabriele Boiselle seit langem zu den renommiertesten Pferde-Fotografen weltweit. Ihre Aufnahmen werden regelmäßig in allen großen Fachzeitschriften veröffentlicht, ihre Kalender schmücken alljährlich Tausende von Wänden, und ihre Bücher erreichen imposante Auflagen. Am Ziel fühlt sie sich deshalb noch lange nicht. Wie auch? So lange es noch irgendwo auf der Welt Pferde gibt, deren Spuren sie noch nicht gefolgt ist, so lange es noch Pferde-Foto-Geschichten zu erzählen und Menschen weltweit mit der Liebe zu diesen unvergleichlichen Geschöpfe anzustecken gilt, so lange wird Gabriele Boiselle weiter machen. Welch ein Glück, für die Pferde – und für uns, die wir dank ihrer Bilder immer wieder neue Pferde-Welten entdecken dürfen.

Rita Mielke

ANDALUSIER

Als Ur-Ahn des Andalusiers gilt das spanische Sorraiapony, das möglicherweise eine der ersten in Europa domestizierten Pferderassen darstellt. Die »Pura Raza Espanola« (P.R.E.), wie das andalusische Pferd korrekt heißt, ist dem Einsatz der Kartäusermönche von Jerez de la Frontera zu verdanken. In ihrem 1476 errichteten Kloster bemühten sie sich um die Reinzucht der andalusischen Blutlinie. Ende des 14. Jahrhunderts besaß Spanien die größte Kavallerie Europas und durfte eine exzellente Pferdezucht sein eigen nennen. Die Qualität dieser Rasse blieb auch außerhalb der iberischen Halbinsel nicht unentdeckt: 300 Jahre lang hatten andalusische Pferde erheblichen Einfluss auf andere Pferderassen überall in Europa und Amerika. An den Hofreitschulen aller Herrscherhäuser in Europa zelebrierte man die klassische Kunst der Hohen Schule, für die Andalusier durch ihren athletischen Körperbau geradezu prädestiniert war. Sie sind zu enormer Versammlung befähigt, und können so die klassischen Figuren der Hohen Schule perfekt ausführen. In der »Real Escuela Andaluza del Arte Ecuestre«, die in Jerez de la Frontera zu Hause ist, finden einmal in der Woche Vorstellungen in der klassischen Reitkunst statt. Doch auch im modernen Dressur-Sport hat der Andalusier in harter Konkurrenz zu den deutschen Warmblutpferden seinen Platz gefunden, wie Medaillen bei den Olympischen Spielen und den Weltreiterspielen beweisen. Die ANCCE, der spanische Zuchtverband, veranstaltet Ende jeden Jahres in Sevilla ein nationales Championat, bei dem eine atemberaubend schöne Auswahl der besten Pferde des Landes zu bewundern ist.

ARABISCHES VOLLBLUT

Araber gehören neben dem Englischen Vollblut zu den am weitesten verbreiteten Pferderassen. Es gibt kaum eine Rasse, die nicht durch arabisches Blut veredelt wurde. Schon die abendländischen Ritter brachten von ihren Kreuzzügen arabische Pferde mit. Das Blut dieser Tiere sollte den eigenen, viel schwereren Pferden Härte, Ausdauer und Wendigkeit geben. Araber scheinen dem Menschen in besonderer Weise verbunden zu sein. Ihre Affinität zum Menschen und ihre Sensibilität, auf Gefühle und Stimmungen zu reagieren, haben ihm den Ruf eines Frauenpferdes eingetragen. Dem steht entgegen, dass Araber über ihre eigenen Grenzen hinausgehen, um ihrem Herrn oder ihrer Herrin zu gefallen. Sie vereinen einen außergewöhnlichen Charakter mit einer glänzenden äußeren Erscheinung. Auffallend sind insbesondere die feine Haut und das seidige Langhaar. Die Leichtigkeit ihrer Bewegung und der Adel ihrer Ausstrahlung sind unvergleichlich. Es gibt unter den Arabern verschiedene Zuchtrichtungen, von denen einige auch in Europa und den Vereinigten Staaten sehr erfolgreich betrieben werden. Manche Araber-Fans bevorzugen den reinen »Asil Araber«, andere lieben den orientalischen leichten Typ oder den sportlichen Typ mit guter Sattellage und langem Hals. Gemeinsam ist ihnen allen, dass sie gerade mal 150 cm groß werden und doch kein Pony sind. Sie haben nur 17 Rippen und auch ein Lendenwirbel- und ein Schweifwirbelpaar weniger als andere Pferde. Sie sind als Sport- und Freizeitpferde ebenso einzusetzen wie als Fahrpferde.

BASUTO PONY

Das Basuto Pony ist sozusagen das Nationalpferd des südlichen Afrikas. Es ist in den Bergen Lesothos ebenso zu Hause wie in den Wäldern des Zululandes. Als Karrenpferd tut es genauso seine Pflicht wie als Reitpferd für Touristen oder als Hütepferd der zahlreichen Rinderherden schwarzer Klanchefs. Es hat sich seit dem 17. Jahrhundert zum vielseitigsten Pferd im südlichen Afrika entwickelt. Mit einer Größe von ca. 124 bis 127 cm verfügt es über ein Untergestell, das auf den ersten Blick eher mager aussieht, aber Unglaubliches zu leisten vermag. Doch bis zum heutigen Typ Pferd war es ein langer Weg. Europäische Siedler brachten die ersten Englischen Vollblüter ans Kap der Guten Hoffnung, um eine Fortbewegungsmöglichkeit zu besitzen und sich mit Pferderennen die Zeit zu vertreiben. Durch Vermischung mit Berberblut und spanischen Pferden entstand ein interessanter neuer Pferdetyp, das Kap- oder Burenpferd. Auf den Handelsschiffen der Holländer und Portugiesen aus Asien und Indien wurden zudem immer wieder die kleinen genügsamen Java- oder Zumbaponies nach Südafrika importiert. Die beiden Rassen wurden miteinander gekreuzt, um die Genügsamkeit der Ponys mit der besseren Konsti-tution der Großpferde zu vermischen. Begnadete Züchter waren die Basutos, ein Bantustamm, der um 1870 gegen die Zulus kämpfte und mit seinen Pferden nach Lesotho flüchten mußte. Dort passten sich Mensch und Pferd den extremen klimatischen Verhältnissen an und haben bis heute im Königreich über den Wolken überlebt.

COMTOIS

Dem Comtois wird »kraftvolle Eleganz« bescheinigt. Er ist ein Verwandter des Ardenner Kaltbluts, aber schwerer als dieses. Das Pferd ruht auf einem kräftigen, kurzbeinigen Fundament mit breiten Gelenken, ist aber im Temperament keineswegs träge, sondern eher temperamentvoll. Vor allem besitzt der Comtois einen ausgeprägten Arbeitswillen, der bei Tätigkeiten in schwierigen Weinbau- oder Waldhanglagen sehr geschätzt wird. Comtoispferde sind ausgesprochen unempfindlich gegen Hitze und Kälte. Das kam Napoleon Bonaparte bei seinem Russlandfeldzug zugute, denn den Pferden hatte er es zu verdanken, dass trotz des bitteren russischen Winters zumindest Teile seiner Armee nach Frankreich zurückkehren konnten. Auch im Zweiten Weltkrieg zogen Comtois französische Geschütze durch die Ardennen und sorgten für Nachschub im bitterkalten Kriegswinter. Seit 1919 gibt es ein eigenes Stutbuch, seit 1925 wird die Rasse reingezüchtet.

CRIOLLOS

Im Verhältnis zu allen anderen Pferderassen haben sich beim Criollo die charakteristischen Eigenschaften eines Wildpferdes noch am stärksten erhalten. Dank der enormen Weite der argentinischen Pampa ist es vielen Criollos erlaubt, in Freiheit aufzuwachsen. Die Gauchos achten sehr darauf, dass die Pferde so wenig wie möglich Kontakt mit dem Menschen haben, denn sie wollen die Instinkte der Pferde erhalten. Das Fohlen lernt in seinem ersten Jahr nur einmal die Nähe des Menschen kennen, wenn es ein Halfter aufgezogen bekommt. Damit ist die erste Lektion abgeschlossen und für zwei, drei Jahre wird es in Ruhe gelassen. Die Ausdauer eines Criollo ist sprichwörtlich. Seine Hufe sind sehr hart, seine Sehnen und der gesamte Bewegungsapparat schier unverwüstlich. Ein Criollo kann im kontinuierlichen Galopp viele Kilometer durch die Pampa zurücklegen. Die Pferde werden immer in Herden gehalten und kommen nie in Einzelboxen. Nach getaner Arbeit dürfen sie zurück zu ihren Artgenossen. Der argentinische Veterinär Emilio Solanet ist der eigentliche Wiederentdecker der Rasse. Er unternahm 1911 die erste Expedition nach Patagonien, um nach den legendären wilden Pferden der Indianer zu suchen. Er verfasste das erste Stutbuch und listete mehr als 70 Fellfarben auf. Bemerkenswert sind vor allem der immer wieder vorkommende Aalstrich oder die Zebrastreifen an den Beinen. Dies weist auf eine direkte Verbindung zu der noch lebenden Ur-Rasse des iberischen Pferdes, den Sorraias, hin. Den Kauf eines Criollos sollte man sich gut überlegen, denn dieses Pferd ist ein ehrlicher Arbeiter, dem Müßiggang in europäischen Reitställen und die Einzelhaft in einer Box gar nicht behagen.

FRIESEN

Die Geschichte des friesischen Warmblüters lässt sich bis in prähistorische Zeiten zurückverfolgen. In römischer Zeit nutzte Julius Cäsar das »equus robustus«, wie er es im friesländischen Raum vorgefunden hatte. Knochenfunde zeigen diesen Ur-Friesen als ein leichtes Kaltblut mit einem Stockmaß von 140 bis 150 cm. Die Entwicklung zum »Barockpferd« vollzog sich im 16. und 17. Jahrhundert, als die Niederlande von den Spaniern besetzt wurden, die ihre prächtigen andalusischen Pferde mitbrachten. Man kreuzte beide Rassen und züchtete so den heutigen Friesen. In den folgenden 200 Jahren blühte die Zucht der Friesenpferde. Sie beherrschten die Lektionen der Hohen Schule, waren zuverlässige Streitrösser in den vielen Kriegen, die das Abendland überzogen und paradierten stolz vor Kutschen und Karossen. Dann aber wurde der Friese unmodern, vor allem, weil strenge Zuchtbestimmungen eine Anpassung der Rasse an den Zeitgeschmack verhinderten – ein Trend, der fast zum Aussterben der antik anmutenden Friesen führte. Einzig dem Engagement einiger friesischer Bauern, die 1913 den Verein »Het Friesche Paard« gründeten, ist es zu verdanken, dass uns »die schwarzen Perlen« bis heute erhalten geblieben sind. Gerade die strenge Reinzucht, die der Rasse fast zum Verhängnis geworden wäre, konservierte viele der begehrten Eigenschaften, die den Friesen heute als Freizeit- und Familienpferd auszeichnen. An erster Stelle ist es sein gutmütiger, ausgeglichener Charakter und die große Gelehrigkeit, ganz abgesehen von seiner herrlichen Ausstrahlung und seiner Präsenz.

HAFLINGER

Der heutige Haflinger ist ein vielseitiges Freizeitpferd, von circa 145 bis 148 cm, das nicht verlernt hat zu arbeiten. Seine helle Mähne und sein prächtiger heller Schweif sind ein Markenzeichen der Rasse, oft begleitet von einem leichten Behang der Beine. Seine kleinen feinen Ohren, die im üppigen Mähnenhaar verschwinden, sind Erbstücke des arabischen Blutes, das in seinen Adern fließt. Als Ahnherr der Zucht gilt *Folie 249*, Sohn des Shagya-Hengst *El' Bedavi* und einer »arabisch veredelten« Stute, der 1874 in Südtirol geboren wurde. Haflinger sind aufmerksam und geradezu lernbegierig. Mit einer soliden Konstitution und einem enormen Lungenvolumen ausgestattet, können sie bis zu 40 Jahre alt werden. Ursprünglich in Südtirol, in der Nähe des Dorfes Hafling gezüchtet, hat dieses charmante Bergpferd inzwischen die ganze Welt erobert. Es gibt aktive Zuchtverbände in ganz Europa, Nord- und Südamerika, sowie Australien und Asien. Die indische Armee hat Haflinger sogar im Himalaya, in Kaschmir und Jammur eingesetzt. Der Edelweißbrand der Tiere mit dem H in der Mitte ist ein Markenzeichen geworden für die universelle Verwendbarkeit der Rasse. Ursprünglich als Pack- und Tragpferd für die Saumpfade der Alpen gezüchtet, hat es sich weiterentwickelt zum vielseitig einsetzbaren Freizeitpferd. Sogar in den verschiedenen Disziplinen der Western-Sportarten vermag es mit seiner kraftvollen Wendigkeit erfolgreich gegen Quarterhorses zu konkurrieren.

ISLÄNDER

Die Rasse der Islandpferde ist einzigartig, denn sie hat seit mehr als 1000 Jahren keine Zufuhr fremden Blutes erfahren. Isländer sind robuste und charmante Gangpferde, mit üppigem Langhaar und einem Stockmaß von 125 bis 145 cm. Sie kamen im 9. Jahrhundert mit den norwegischen Wikingern auf die Insel. Die isolierte Lage und das harte Klima begünstigten die Ausbildung der Rasse. Die Islandpferde zeichnen sich vor allen anderen Pferden dadurch aus, dass sie fünf verschiedene Gangarten beherrschen, neben Schritt, Trab und Galopp noch Paß und Tölt. Gerade der berühmte Tölt ermöglicht in verhältnismäßig kurzer Zeit, eine große Strecke auf bequeme Art und Weise zurück zu legen. Die selektive Zucht der Islandrasse begann im Jahre 1879. Erst in jüngerer Zeit begann ihr Siegeszug auch auf dem europäischen Festland. Heute sind in der Internationalen Föderation der Islandpferde-Vereine mehr als 15 Nationen vertreten. Dank ihres ausgeglichenen Charakters eignen sie sich zum Reiten und Fahren, als vielseitiges Familien- und als Freizeitpferd.

MAREMMANO

Die Abstammungsgeschichte der Maremmani, der halbwilden, in der Toskana beheimateten Pferde, ist aufgrund vielfacher Kreuzungen unklar. Das Blut spanischer Gineten und Berber ist dabei ebenso vertreten wie ein orientalischer Einschlag. Im 17. Jahrhundert kamen sogar kräftige Norfolk Roadster aus England hinzu. In neuerer Zeit wurde sogar englisches Vollblut als Veredler hinzu genommen, um eine Weiterentwicklung der ursprünglich bäuerlichen Rasse auch als Sportpferd zu ermöglichen. Als robustes Hütepferd der Butteri, der Rinderhirten der Maremma, hat es bis heute überlebt. Der Maremmano ist ein sehr genügsames, etwas grobknochiges Pferd, das 160 bis 170 cm groß werden kann. Seine durchweg dunkelbraune, manchmal auch schwarze Farbe und der fast identische Körperbau der Pferde läßt auf eine sehr konsistente und homogene Erbmasse schließen. Wichtig ist, dass die Pferde heute immer noch halbwild aufgezogen werden und in dem weiträumigen Naturschutzgebiet »Parco dell' Uccellina« in der Nähe von Grosseto leben. Maremmani sind absolut zuverlässig und wurde deshalb auch gern als Armeepferd eingesetzt. Die italienischen »Carabinieri« sind ebenfalls mit Maremmani beritten.

MARWARI

Die Rasse mit den nach innen gebogenen Sichelohren hat ihren Ursprung wahrscheinlich bei den Pferden Afghanistans oder bei den nomadisierenden Turkvölkern Usbekistans und Turkmenistans. Die traditionellen Herrscher von Marwar, die »Rathoren«, waren ausgezeichnete Reiter und Züchter und suchten immer nach bestem Pferdematerial für ihre Gestüte. Bei kriegerischen Einfällen ins nördliche Indien während des 16. Jhs. erbeuteten sie Pferde des turkmenischen Typs und brachten sie mit ins heutige Rajasthan, wo sie zur Aufbesserung der eigenen Bestände eingesetzt wurden. Um eine breitere Basis für die Zucht zu erhalten, stellten sie ihren Untertanen die besten Beschäler kostenlos zur Verfügung und veredelten so die gesamte Pferdepopulation im Reich. Unter dem Mogul-Herrscher Akbar soll die kaiserliche Kavallerie mehrere zehntausend Pferde besessen haben. Das Marwaripferd war ein exzellent ausgebildetes Kriegspferd, das manchem Krieger mit seiner Tapferkeit wohl das Leben gerettet hat, wie in alten Schriften nachzulesen ist. Die Lektionen der Hohen Schule, zum Beispiel die »Capriole« und die »Levade«, wurden hier genauso gelehrt wie in den Hofreitschulen Europas und auch zum selben Zweck. Diese Sprünge konnten den Reiter aus einem Kampfgetümmel hinauskatapultieren und somit sein Leben retten. Erst mit dem Sieg der Kolonialmacht England über die indischen Fürsten begann der Niedergang der Marwari-Rasse. Heute sind nur noch wenige wirklich reinrassige Pferde zu finden, doch es wird alles getan, um die Zucht zu organisieren und zu retten.

MUSTANG

Als Mustangs bezeichnet man die in freier Wildbahn lebenden Pferde Nordamerikas, die von den Tieren abstammen, die die spanischen Eroberer mit in die neue Welt gebracht haben. Spanische Pferde, Berber- sowie kaltblütige Arbeitspferde haben ihr Blut vermischt und einen Pferdetyp entstehen lassen, der durch natürliche Selektion in einer harten Umwelt zum zähesten Pferd Amerikas wurde. Alle heutigen Westernpferderassen basieren auf dem Blut der Mustangs, die man mit Vollblutimporten aus England und Europa veredelte. Der Name Mustang ist wahrscheinlich vom spanischen Wort »mestena« abgeleitet, womit eine Gruppe oder Herde von wilden Pferden bezeichnet wird. Die Variation der Fellfarben und Zeichnungen bei den Mustangs ist ungeheuer vielfältig. Beliebt sind das »mausgraue dune«, der »buckskin« und natürlich Schecken aller Art, in den USA »Paint« genannt. Mähne, Schweif und Gliedmaßen sind meist schwarz. Mustangs werden maximal 140 bis 145 cm groß und haben selten Probleme mit ihren Hufen oder dem Bewegungsapparat. Das Pferd ist im allgemeinen kurz gebaut mit niedrigem Widerrist, abgeschlagener Kruppe und einem Gewicht um die 350 kg. Genau wie der Araber hat ein richtiger Mustang nur 17 Rippen und 5 statt 6 Lendenwirbel. In den sechziger Jahren des letzten Jahrhunderts wurde die Mustangpopulation so drastisch reduziert, dass sie 1970 per Gesetz als aussterbende Art geschützt werden musste. Heute gibt es viele Organisationen, die sich um den Bestand kümmern. Im Hochland Oregons oder Nevadas kann man gelegentlich auch wieder freie Herden herumziehen sehen.

NORIKER

Über die Hälfte aller Pferde in Österreich und der Schweiz sind Noriker oder stammen von ihnen ab. Diese bodenständige Ur-Rasse hat sich im Laufe der Zeit immer wieder veränderten Arbeits- und Lebensbedingungen anpassen müssen. Trotzdem hat sie sich ihren Charakter und die Grundmerkmale der Rasse bewahrt. Die wußten schon die Römer zu schätzen und förderten die Zucht in der Provinz »Noricum«. Über die Saumpfade der Alpen verbreiteten sich die Noriker bald bis hin nach Italien und Frankreich. Auf österreichischem Gebiet lag der Schwerpunkt der Zucht in Juvavum, nahe dem heutigen Salzburg. Seit dem 16. Jahrhundert nahmen die Klöster die Pferdezucht in ihre Hände, etablierten große Gestüte und verbesserten die typischen Rassemerkmale. Unter der Obhut des Erzbischofs von Salzburg wurde erstmals ein Zuchtstandard festgelegt und die Veredelung mit spanischen und neapolitanischen Blutlinien organisiert betrieben. Man unterscheidet heute verschiedene Schläge der Noriker, das Kärntner, Steirer, Tiroler und Süddeutsche Kaltblut. Es gibt kaum reine Schimmel, eher dunkle Apfelschimmel mit schwarzem Kopf. Dunkelbraune und Fuchsschattierungen sind am häufigsten, oft mit dekorativem hellen Behang. Damals wie heute noch attraktiv sind die Tigerschecken, die als Pinzgauer Noriker eine eigene Linie begründeten.

PERCHERONS

Die Herkunft des Percherons reicht zurück bis in jene Zeit, als Karl Martell die Mauren besiegte. Zur Beute gehörten auch Pferde, die mit den einheimischen Landstute gekreuzt wurden. Im weiteren Verlauf der Entwicklung kamen arabische Pferde hinzu: Robert Graf von Rotrou hatte sich 1099 bei seiner glücklichen Rückkehr vom ersten Kreuzzug ins Heilige Land ein ganz besonderes Andenken mitgebracht, eine kleine Schar arabischer Vollblüter. Mit ihnen veredelte er die einheimischen Kaltblüter weiter. Ludwig der XIV. gründete das Gestüt »Le Pin« in der Normandie, heute noch eine der wichtigsten Hengststationen für Percherons. Zwei herausragende arabische Kreuzungen waren die berühmten Halbbluthengste *Godolphin* und *Gallipoly*, der Vater des berühmtesten Percheron-Hengstes *Jean le Blanc*. Mit einem Stockmaß von 165 bis 170 cm strahlen Percherons kraftvolle Dominanz aus. Trotzdem wirken sie nicht schwerfällig. Sie haben einen hübschen Kopf mit kleinen Ohren, Erbe ihrer arabischen Vorfahren, und sind trotz ihrer Körperfülle sehr wendig. Der Percheron ist bis heute ein vielseitig verwendbares Pferd geblieben, das sich leicht veränderten Klimazonen und Aufgabengebieten anpaßt. In seiner langen Geschichte hat er dem Menschen als Kriegspferd und Kutschpferd, als Zugpferd im Feld, auch als Geschütz- und Reitpferd gedient. Zwischen 1880 und 1920 erlebte die Zucht eine letzte Hochblüte, man exportierte Tausende von Tieren auf die riesigen Farmen, die europäische Siedler in Südamerika, Australien und Südafrika aufbauten. Vor dem Ersten Weltkrieg war die Zahl der im Stutbuch eingetragenen Tiere auf über 30.000 gestiegen.

SCHWARZWÄLDER FUCHS

Typisch für das Schwarzwälder Kaltblut ist die meist dunkle Fuchsfarbe, von der sich der helle Mähnenbehang deutlich abhebt. Ein Schwarzwälder Fuchs ist der Stolz seines Besitzers und wird heute vor allem zu repräsentativen Zwecken, bei den traditionellen Umzügen und Festen im Schwarzwald eingesetzt. Die bis ins Mittelalter zurückreichende Zucht eines typisch bäuerlichen Pferdes wurde durch Zufügung von Pinzgauer, das heißt Noriker-Blut weiter entwickelt. 1896 wurde die Schwarzwälder Pferdegenossenschaft gegründet, die die Pferde fortan strengen Zuchtkriterien unterwarf. Ziel war es, ein tiefes, untersetztes, nicht zu schweres Kaltblutpferd mit kräftigem Muskelbau zu entwickeln. Hengste aus den Ardennen, aus dem Rheinland und aus Unterbaden trugen mittelfristig zum Erfolg der Züchterbemühungen bei. Heute nimmt sich das Haupt- und Landgestüt der Schwarzwälder Füchse an. Bei einer Größe von etwa 150 cm ist der Fuchs ein prachtvolles Kraftpaket, dessen Fuchsfell wie Messing in der Sonne glänzen kann. Die Population wächst, und die Rasse gewinnt immer mehr Freunde.

SHIREHORSES

Shirehorses gelten mit einem Stockmaß von 173 bis 215 cm als die größten Pferde der Welt. Ihr Fell ist dunkelbraun bis schwarz, und sie haben die bekannten weißen »Federn« (lange Haare) an den Beinen. Der Schweif wird nicht mehr kupiert, sondern am Ende der Wirbelsäule abgeschnitten und zu besonderen Anlässen mit Strohgeflecht oder bunten Bändern verziert. Die Kunst, ein Shirehorse für eine Schau fertig heraus zu putzen, kostet viele Stunden Arbeit. Nicht immer war die Rasse der Shire so groß. Man schätzt, dass im 16. Jahrhundert das »Great Horse«, Vorfahr der heutigen Pferde, gerade mal 157 bis 160 cm groß war. Durch intensive Zucht über Jahrhunderte hinweg entwickelte sich ein extrem starkes Pferd, das zum Beispiel dazu genutzt wurde, in den Hafenanlagen von Manchester und Glasgow Schiffe zu be- und entladen. Heute machen sich einige Brauereien die Beliebtheit der Shirehorses zu Werbezwecken zunutze. In Stratford-upon-Avon unterhält die »BRASSbrewery« gleich mehrer Gespanne, die nach traditioneller Art auf hochrädrigen Wagen die Bierfässer ausfahren. Dabei kann man immer wieder beobachten, dass die Tiere nach getaner Arbeit von ihrem Kutscher einen ganzen Eimer Bier hingehalten bekommen und sich diesen genussvoll schmecken lassen.

QUARTER HORSES

Das Quarterhorse ist das amerikanischste aller Pferde. Mit Millionen eingetragener Pferde ist das Quarterhorse Register der größte Zuchtverband der Welt. Rechnet man die vielen Kreuzungen hinzu, so stehen in den Vereinigten Staaten praktisch auf jeder Ranch und in jedem Reitstall einige Vertreter. Es ist das perfekte Arbeitspferd für die Cowboys, schnell, genügsam und gelehrig und geradezu prädestiniert für die vielen Ansprüche der Freizeitreiter. Auf Trail- oder Distanzritten zeigt es seine enormen Qualitäten. Man erzielt gute Preise bei der Zucht der Pferde, und einige sehr erfolgreiche Vererber kosten ein Vermögen. Normalerweise ist ein Quarterhorse von brauner Farbe oder ein Fuchs und hat ein Stockmaß von 150 bis 160 cm. Es ist ein kompaktes, sehr muskelbepacktes Pferd. Schon dem neugeborenen Fohlen sieht man sein genetisches Erbe an: Seine breite Brust, der flache Widerrist und die breite Sattellage sowie die untergesetzte Hinterhand sind herausragende Merkmale der Rasse. Die Muskulatur zwischen den Hinterbeinen zeigt, wo der 'Motor' dieser Rasse sitzt. Es gibt 12 große Quarterhorselinien, die alle auf die zwei Stammväter der Rasse zurückgehen – *Janus* und *Sir Archy*. *Janus*, der 1780 starb, hat von beiden die größere Rolle gespielt und durch seinen Sohn *Printer* die wichtigere Linie gegründet. Auf *Sir Archy* gehen die Linien von *The Shilo*, *Old Billy*, *Steel Dust* und *Cold Deck* zurück. Abstammungen und Blutlinien sind für echte Quarterhorsefans wie ein Gebetbuch, das man auswendig kennt, denn in diesen Linien vererben sich auch spezifische Qualitäten.

ANDALUSIER

ANCCE
Cortijo de Cuarto (Cortijo Viejo)
41014 Bellavista, Sevilla
Spain
Tel.: +34 (0)954 689260
Fax: +34 (0)954 690327
www.ancce.com

AACCPRE
Deutscher Züchterverein für Pferde der
Pura Raza Española
An der Molkerei 8
56288 Kastellaun
Germany
Tel.: +49 (0)6762 40760
Fax: +49 (0)6762 407620
www.aaccpre.com

IALHA
International Andalusian & Lusitano
Horse Association
101 Carnoustie North, Box 200
Birmingham, Alabama 35242
USA
Tel.: +1 (0)205 9958900
Fax: +1 (0)205 9958966
www.ialha.com

Real Escuela Andaluza del Arte Ecuestre
Avenida Duque de Abrantes
11407 Jerez de la Frontera
Spain
Tel.: +34 (0)956 319635
Fax: +34 (0)956 318014
www.realescuela.org

ARABISCHES VOLLBLUT

Verband der Züchter des Arabischen Pferdes
Bissendorfer Str. 9
30625 Hannover
Germany
Tel.: +49 (0)511 550166
Fax: +49 (0)511 550088
www.araberzuchtverband.de

World Arabian Horse Organization
North Farm, 2 Trenchard Road
Stanton Fitzwarren
Swindon, Wiltshire SN6 7RZ
Great Britain
Tel.: +44 (0)1793 766877
Fax: +44 (0)1793 766711
www.waho.org

The Pyramid Society
4067 Iron Works Pkwy, Suite 2
Lexington, Kentucky 40511
USA
Tel.: +1 (0)859 2310771
Fax: +1(0)859 2554810
www.pyramidsociety.org

El Zahraa Arab Horse Stud (EAO)
Egyptian Agricultural Organization
P.O.Box 63
Cairo 11511
Egypt
Tel.: +20 (0)2 2983733

Al Badeia Arabian Stud
9 Shagret, Eldorr St, Zamalek
Cairo 11211
Egypt
Tel.: +20 (0)2 3837775
Fax: +20 (0)2 38710071
www.straightegyptians.com

BASUTO PONY

Malealea Lodge
P.O. Box 12118
Bloemfontein
Brandhof 9324
South Africa
www.malealea.com

CRIOLLO

Criollo Zuchtverband Deutschland e.V.
Perhamer Str. 76
80687 München
Germany
Tel.: +49 (0)89 807065
Fax: +49 (0)89 5023495
www.criollo-crzvd.de

Asociación Criadores de Caballos Criollos
Larrea 670 secundo piso
1030 Buenos Aires
Argentinia
Tel.: +54 (0)11 49613387
www.caballoscriollos.com

FRIESEN

de Koninklijke Vereniging »Het Friesch
Paarden-Stamboek« - FPS
Oprijlaan 1
9205 BZ Drachten
Netherlands
Tel.: +31 (0)512 523888
Fax: +31 (0)512 532146
www.fps-studbook.com

Deutsche Friesenpferde-Züchter im FPS e.V.
Breite Steinstr. 9
37186 Moringen
Germany
Tel.:+49 (0)5551 4253
Fax: +49 (0)5551 65669
www.df-z.de

Friesenpferde-Zuchtverband e.V. - FPZV
Burger Hauptstr. 14b
35745 Herborn-Burg
Germany
Tel.: +49 (0)2772 924238
Fax: +49 (0)2772 924239
www.friesenpferde-zuchtverband.de

Friesian Horse Association of North
America
P.O. Box 1809
Sisters, Oregon 97759
USA
Tel.: +1 (0)541 5494272
Fax: +1 (0)541 5494770
www.fhana.com

HAFLINGER

Haflinger Pferdezuchtverband Tirol
Fohlenhof Ebbs - Schloßallee 31
6341 Ebbs
Austria
Tel.: +43 (0)5373 42210
Fax: +43 (0)5373 42150
www.haflinger-tirol.com

Südtiroler Haflinger Pferdezuchtverband
Galvanistr. 40
39100 Bozen
Italy
Tel.: +39 0471 501071
Fax: +39 0471 501072
www.haflinger-suedtirol.com

American Haflinger Registry
2746 State Route 44
Rootstown, Ohio 44272
USA
Tel.: +1 (0)330 3258116
Fax: +1 (0)330 3258178
www.haflingerhorse.com

ISLÄNDER

Islandpferde Reiter- und Züchterverband
IPZV e.V.
Justus-von-Liebig-Str. 5
31162 Bad Salzdetfurth
Germany
Tel.: +49 (0)5063 271566
Fax: +49 (0)5063 271567
www.ipzv.de

United States Icelandic Horse Congress
38 Park Street
Montclair, New Jersey 07042
USA
Tel.: +1 (0)973 7833429
www.icelandics.org

Internationale Föderation der Islandpferde-
Vereine: www.feif.org

KALTBLUT

Bayerisches Haupt- und Landgestüt
Schwaiganger
Schwaiganger 1
82441 Ohlstadt
Germany
Tel.:: +49 (0)8841 61360
Fax: +49 (0)8841 613666
www.schwaiganger.bayern.de

Haupt- und Landgestüt Marbach
72532 Gomadingen
Germany
Tel.: +49(0)7385 96950
Fax: +49 (0)7385 969510
www.infodienst-mlr.bwl.de/la/hul/start.htm

ARGE-Norischer Pferdezüchter
Frauengasse 19
8750 Judenburg
Austria
Tel.: +43 (0)3572 85585

Interessengemeinschaft für Kaltblutpferde
Bergweg 14
4890 Frankenmarkt
Austria
Tel.: +43 (0)7684 6129
Fax: +43 (0)7684 6144
www.kaltblutpferde.at

Deutscher Shire Horse Verein e.V.
Domsteinbruch 1
53343 Wachtberg

Germany
Tel.: +49 (0)228 346311
Fax: +49 (0)228 344491
www.shire-horse-germany.de

Shire Horse Society
Peterborough
Cambridgeshire PE2 6XE
Great Britain
Tel.: +44 (0)1733 234451
Fax: +44 (0)1733 370038
www.shire-horse.org.uk

Syndicat d'Élevage du Cheval Comtois
52 rue de Dole
25 000 Besançon
France
Tel.: +33 (0)381 524697
Fax: +33 (0)381 410100
www.chevalcomtois.com

Haras national du Pin
61310 Le Pin-au-Haras
France
Tel.: +33 (0)233 121600
Fax: +33 (0)233 121600
www.haras-nationaux.fr

Percheron Horse Association of America
P.O. Box 141, 10330 Quaker Rd.
Fredericktown, Ohio 43019
USA
Tel.: +1 (0)740 6943602
Fax: +1 (0)740 6943604
www.percheronhorse.org

Societé Hippique Percheronne de France
1 rue Doullay, BP32,
28402 Nogent-Le-Rotrou
France
www.percheron-france.org

Warsteiner Gestüt
Haus Cramer Landwirtschaft
59581 Warstein
Germany
Tel.: +49 (0)2902 88407
Fax: +49 (0)2902 881430

MAREMMANO

Consorzio Cavalli di Maremma
Via Ticino 3
58100 Grosseto
Italy
Tel.: +39 0564 418634
Fax: +39 0564 424632
www.cavallidimaremma.it

MARWARI

Raghuvendra Singh
Dundlod House
Civil Lines
Jaipur 302019 (Rajasthan)
India
Tel.: +91 141 2212537
Fax: +91 141 2211276
E-mail: dundlod@datainfosys.net

The Marwari Horse Breeder's Association
Umaid Bhawan Palace
Jodhpur 342006
India
www.horsemarwari.com

WESTERN HORSES

American Quarter Horse Association-AQHA
P.O. Box 200
Amarillo, Texas 79168
USA
Tel.: +1 (0)806 3764811
www.aqha.com

Deutsche Quarter Horse Association e.V.
Daimlerstr. 22
63741 Aschaffenburg
Germany
Tel.: +49 (0)6021 584590
Fax: +49 (0)6021 5845979
www dqha.de

American Paint Horse Association
P.O. Box 961023
Fort Worth, Texas 761610023
USA
Tel.: +1 (0)817 8342742
Fax: +1 (0)817 8343152
www.apha.com

Pinto Horse Association of America
1900 Samuels Avenue
Fort Worth, Texas 761021141
USA
Tel.: +1 (0)817 3367842
Fax: +1 (0)817 3367416
www.pinto.org

Appaloosa Horse Club Germany e.V.
Am Schneiderbühl 14
93413 Cham
Germany
Tel.: +49 (0)9971 769733
Fax: +49 (0)9971 769734
www.aphcg.de

Spanish Mustang Registry, Inc.
11790 Halstead Avenue
Lonsdale, Maine 55046-4246
USA
www.spanishmustang.org

VERANSTALTER REITERREISEN

Equitours
Bayard & Mel Fox
P.O.Box 807
Dubois, Wyoming 82513
USA
Tel.: +1 (0)307 4553363
Fax: +1 (0)307 4552354
equitour@wyoming.com
www.ridingtours.com

Pegasus Reiterreisen
Herrenweg 60
4123 Allschwil/Basel
Schweiz
Tel.: +41 (0)61 3033101
Fax: +41 (0)61 3033100
pegasus@equitour.com
www.reiterreisen.com

Dressurunterricht und entspannende Ausritte an den kilometerlangen Stränden der Costa de la Luz gehören u.a. zum Angebot auf der Finca von Karin Leuthardt.

Picadero Roche
c/0 Karin Leuthardt
Residencial Roche
Avenida Sauce s/n
11140 Conil de la Frontera (Cadiz)
Spain
Tel.: +34 (0)956 446456
Fax: +34 (0)956 446 441
picaderoroche@airtel.net
www.picaderoroche.com

Jean-Claude und Magda Dysli bieten auf ihrer Hacienda in der Nähe von Jerez de la Frontera zum Beispiel Unterricht im Westernreiten, in der spanischen Doma Vaquera, Spezialkurse im »Cutting« oder mehrtätige Trailritte an.

Hacienda Buena Suerte
Apartado 60
11650 Villamartin (Cadiz)
Spain
Tel.: +34 956 231286
Fax: +34 956 231275
fincalamaquina@airtel.net
www.dysli.net

Wenn Sie sich für die Kalender, Poster Bücher und Papierwaren der Edition Boiselle interessieren, dann fordern Sie bitte den Katalog an:
Edition Boiselle
Wormserstr. 30
67346 Speyer
Germany
Tel.: +49 (0)6232 629662
Fax: +49 (0)6232 629664
info@editionboiselle.de
www.editionboiselle.de

DANKSAGUNG

Es ist nicht möglich, alle die Menschen namentlich aufzuführen, die mir auf meinen Reisen geholfen haben, deren Gastfreundschaft ich genießen durfte, ohne deren konkreten Beistand so manche Reise anders verlaufen wäre. Ihnen allen gilt mein aufrichtiger Dank. Besonders bedanken möchte ich mich bei Bayard und Mel Fox, zwei guten Freunden, die mit mir zusammen gereist sind und mich mit besonderen Menschen und Orten bekannt gemacht haben. Dies gilt auch für Diethard Franz.

Einen ganz besonderen Dank schulde ich der treuen Mannschaft der Edition Boiselle, die mich schon seit langen Jahren unterstützt: Anette Harenburg, Ula Rafail, Marielle Andersson, Ingrid Wawrok, Siggi Maurer und Reinhard Harz. Sie alle umgeben mich mit einer Atmosphäre der Freundschaft und Wärme und motivieren mich bei meiner Arbeit, auch wenn es mal schwierig wird.

Schließlich möchte ich meiner Mutter dafür danken, dass sie immer hinter mir gestanden hat, auch wenn mein Handeln für sie zuweilen nicht nachvollziehbar war.

Ich denke, dass besondere Fähigkeiten und Begabungen kein Schicksal sind, sondern ein Geschenk. Daher gilt mein letzter Dank dem, der mich so reich mit vielen Gaben beschenkt hat.

Gabriele Boiselle verbindet eine tiefe, kreatürliche Liebe zu Pferden, jenen edlen Geschöpfen, die in ihrem Leben und für ihre Arbeit eine so zentrale Rolle spielen. Kamera und Schreibutensil setzt sie mit so viel Macht ein, dass sich kein Leser der Faszination ihrer Bilder und ihrer Texte entziehen kann. Eine solide Ausbildung sowie erstklassiges Equipment verstehen sich dabei von selbst. Seit mehr als 20 Jahren ist Gabriele Boiselle in ihrem Metier tätig – und mit der Kamera im Gepäck hunderttausende Kilometer weit gereist, wobei sie Bekanntschaft mit unzähligen Pferden und Pferdeliebhabern machte. Heutzutage sind von A wie Araber bis W wie Welsh Cob zahllose Rassen in ihrem Bildarchiv vertreten. Mit ihrer Fotokunst zählt Gabriele Boiselle seit langem zu den renommiertesten Pferdefotografen weltweit. Ihre Aufnahmen werden regelmäßig in allen großen Fachzeitschriften veröffentlicht, ihre Kalender schmücken alljährlich Tausende von Wänden und ihre Bücher erreichen hohe Auflagen. Doch so lange es noch irgendwo auf der Welt Pferde gibt, deren Spuren sie noch nicht gefolgt ist, so lange noch Pferde-Foto-Geschichten zu erzählen und Menschen weltweit mit der Liebe zu diesen unvergleichlichen Geschöpfen anzustecken sind, so lange wird Gabriele Boiselle weiter machen.

Genehmigte Lizenzausgabe für Verlagsgruppe Weltbild GmbH, Steinerne Furt, 86167 Augsburg
© Fotografien Gabriele Boiselle, Speyer

Projektkoordination & Gestaltung: Petra Ahke
Leitung Grafik: Erill Vinzenz Fritz
Lektorat: Rita Mielke, Korschenborich
Lithografie: Kölnermedienfabrik, Köln
Gesamtherstellung: Grafiche Flaminia S.R.L., Foligno
Printed in the EU

ISBN 978-3-8289-1770-5

2008 2007
Die letzte Jahreszahl gibt die aktuelle Lizenzausgabe an.